想像另一种可能

MARIUS B. JANSEN

JAPAN AND ITS
WORLD

TWO CENTURIES
OF CHANGE

[美] 马里乌斯
·詹森 著

柳立言 译

日本的
世界观

上海三联书店

JAPAN AND ITS WORLD
by Marius B. Jansen
Copyright © 1980 by Princeton University Press;
preface to the paperback edition © 1995 by Princeton University Press
All Rights Reserved
未经出版者书面授权，不得对本书进行任何形式的复制或转录
本书译文由商务印书馆（香港）有限公司授权使用

著作权合同登记图字：09-2019-496号

图书在版编目（CIP）数据

日本的世界观 /（美）马里乌斯·詹森著；柳立言
译 . -- 上海：上海三联书店，2020.1

ISBN 978-7-5426-6713-7

Ⅰ .①日… Ⅱ .①马… ②柳… Ⅲ .①日本人—世界观—研究 Ⅳ .① B313

中国版本图书馆 CIP 数据核字 (2019) 第 301775 号

日本的世界观

[美]马里乌斯·詹森 著　柳立言 译

责任编辑 / 徐建新
特约编辑 / 鲁兴刚　马晓晨
责任校对 / 张大伟
责任印制 / 姚　军

出版发行 / 上海三联书店
　　　　　（200030）上海市徐汇区漕溪北路331号A座6楼
邮购电话 021-22895540
印　　刷 / 山东韵杰文化科技有限公司
版　　次 / 2020 年 1 月第 1 版
印　　次 / 2020 年 5 月第 2 次印刷
开　　本 / 1092mm × 787mm　1/32
字　　数 / 85千字
图　　片 / 44幅
印　　张 / 5.25
书　　号 / ISBN 978-7-5426-6713-7/B · 668
定　　价 / 42.00元

如发现印装质量问题，影响阅读，请与印刷厂联系调换。

献给

弗雷德·哈利

（Fred Haley）

与

黛迪·哈利

（Dottie Haley）

前言

　　"布朗与哈利讲座"（Brown and Haley lectures）设立的二十五年间，我一直认为讲座委员会会邀请我的朋友马里乌斯·詹森（Marius Jansen）来发表演讲。

　　马里乌斯也是普吉特海湾大学（University of Puget Sound）已故历史教授莱尔·谢尔迈廷（Lyle S. Shelmidine）的好友。谢尔迈廷教授与我父亲和我一起，为设立这个讲座竭尽全力。他还担任讲座委员会主席，直到 1966 年逝世为止。

　　因此，当见到这些演讲都以大家小书的形式出版，我感到非常自豪。此外，我还需说明，这些演讲实在完美地体现了讲座成立之初我们定下的几项标准：（1）应"由一位从事社会研究或人文科学工作的杰出学者"来演讲；（2）

演讲应"以明快的态度针对目前社会的要紧问题";由于出版也是计划的一部分,所以(3)演讲要包含未发表过的新资料,以期达成增进知识的实效。

弗雷德·哈利(Fred T. Haley)

布朗与哈利讲座委员会主席

1976 年 6 月 10 日

英文初版序

　　值此美国庆祝立国两百周年之际，我们正好乘此良机回顾日本两百年来的变迁。两百年前，日本是一个不发达的、与外部世界隔绝的小国。一百年后，它决定根据西方模式改革制度，派大批统治精英广游西方，考察使列国富强的各种因素。为了表示近代化和国际化的意向，日本参加了1876年费城世界博览会（The Philadelphia Centennial Exposition），带去的展品令人印象深刻，规模位居前列，吸引力方面更是无出其右。展览品非常优越，使一位作家承认道："我们惯于认为日本是没有文明的国家，或充其量只是半文明的国家。但我们却在这里发现了充分的证据，证明日本闪耀的艺术光辉使欧洲最开化的国家也黯然失色。那些国家以艺术为骄傲和荣耀，将其看作是自己高度文明的一个最值得骄傲的象征。"[1] 现在,在第二次世界大战惨败三十年后,日本成为世界上的大国以及少数工业化的民主国家之一。

在这两百年间,日本对外部世界的看法发生急剧转变不足为奇。本书将集中讨论这些看法。日本从封闭孤立中崛起,成为国际上举足轻重的国家,这对世界历史,尤其是美国历史影响至大。在 20 世纪,这一转变因日美双方的误解和各自的错误而被玷污,也被暴力战争打断。美国也跟日本一样,在这一时期成为了世界上的重要国家,对国际社会的看法转变之巨,不亚于日本。

在这些看法的转变中,美国对日本的看法最不规律。在我们图书馆的书架上,描述日本友好迷人且富有异国风情的图书,和那些提醒日本侵略成性、粗暴易怒和不可信任的图书并排摆在一起。大战以后,日本发动军事攻击的危险性已经被淡忘,不时出现的警告都不过在说日本是个勤奋、没有幽默感和技艺惊人的经济对手。预言家也逐渐

---

[1] 引文见尼尔·哈里斯(Neil Harris),《世界是个大熔炉吗? 日本在美国的博览会上,1876—1904》(All The World a Melting Pot? Japan at American Fair, 1876-1904),收录于入江昭(Akiru Iriye)编的《共同的形象:日美关系论文选》(Mutual Images: Essays in American-Japanese Relations),剑桥:哈佛大学出版社,1975 年,第 30 页。

改变腔调，从强调日本丧失了对大陆和殖民地的控制之后就注定穷困，到强调日本靠勤俭也能生存；之后，再强调日本依靠经济不断繁荣，总有一天能雄霸天下。对这个新超级大国的战后评价，混杂着乐观和沮丧的情绪，人们用隐喻，比如 blossom（繁荣、花朵盛开）暗示它的脆弱性。所以日本人从心情愉快一变而为意志消沉，也不值得大惊小怪了。

不过，并非如新闻记者和空谈家所想，日本人的世界观在思想和心理两方面其实有着更深远的历史根源，这些历史上的思想和心理因素成为我多年来的研究核心。在我看来，这些因素对了解近代日本和东亚愈来愈重要。直到近代，日本人眼中的世界仍然是分等级的。他们倾向于把世界各国按各自的地位和重要性排列，而这无疑源于自身的社会结构和经验。我在以下几个演讲中利用一些特别令人感兴趣的人物的事业和观点，去探讨这个等级排列的变迁。近年来，大量书刊和论著问世，尤其使我想要用这种方法来集中讨论这些问题。不过，这个领域在我们的日本研究中尚属初创，我希望我的论述能引起人们注意这种研究方法的价值及可行性。

本书是一部讲稿，但增补了一些事实、统计数字和篇目，以适应新近的发展和出版要求。

除了个别例外，引用都在后文的参考文献处有注明。

马里乌斯·詹森

1979 年于普林斯顿

中文初版序

本书的内容由三篇演讲组成。它们是在十年前美国两百周年国庆时发表的。那时我正想借国庆的良机回顾一下两百年间事物变迁的情况,适值普吉特海湾大学的朋友请我以日本作为"布朗与哈利讲座"的讲题,于是就决定以两百周年国庆的精神来探讨日本的世界观在过去两个世纪的变化。就我看来,日本在18世纪从中国的巨大影响下脱颖而出,进入19世纪后则实施一系列全面改革,力求在国力和经济上与欧美各国并驾齐驱,而到目前,日本强大的经济力量和生产率已取代了过去的政治和军事势力。

为突出重点,我尽可能在以下三个时期——18世纪

70 年代、19 世纪 70 年代和现代 [1]——各选出一位中心
人物，他们的功业和生涯足以作为各自时代意识的缩影。
这几位当选的人物当然不是"代表性的"，因为他们在当
时并没有清醒地意识到临近的变化。然而，他们都察觉
到自己所参与的变革，也曾予以推动和加速；他们在年
老的时候，能够检讨有生之年所目击的变革。我选择的
18 世纪 70 年代的人物，是日本学习西方医学的先驱杉田
玄白医生。他在五十年后撰写的回忆录，把他那个时代
日本翻译西方著作日益增长的趋势，和一千多年前日本
汉学勃兴的情况加以比较。19 世纪 70 年代我选中了久
米邦武，他是出使西方国家的岩仓使团的书记官。因为
政府领导人想探求西方国家国力和组织上的秘密，为日
本未来选择合适的制度做准备，该使团便引人注目地长
期游历西方。久米也很长寿，在半世纪后口述回忆录时，
他目睹了大英帝国的没落。讽刺的是，他本人却成为被
日本社会视为正统的"新神道民族主义"猜忌下的牺牲
者。替 20 世纪 70 年代选择象征性人物更加困难，因为
日本由军国主义走向商业和平主义的不规则进程尚在进

---

[1]　即本书成书的 20 世纪 70 年代。——编注

行中。我选择的人物是松本重治,他曾从事新闻、评论工作,后来是国际机构的负责人,他的回忆录《上海时代》和新近问世的《近卫时代》详细刊出了从未披露的史实。

在美国立国的两百年间,世界各国都经历了惊人的变化,日本当然不是唯一直面世界巨变的国家。但我以为,这三个演讲可以说明日本人不论个人还是集体,对这些重要变化的认识及做出反应的速度皆非比寻常。之所以选择杉田玄白和久米邦武作为中心人物,就是要把这点阐释明白。我想,有一天对中国提出同样的问题,接着使用同样的方法,才令人感兴趣。例如可以把 18 世纪时马戛尔尼勋爵(Lord Macartney)觐见乾隆皇帝、郭嵩焘出使西方或者王韬留学外国作为对照。乾隆给英国的著名答复——中国并不需要任何英国产品和根本不用的"奇巧之物"——当然是带点夸张的官腔。不难想象,当德川将军同样遇上一个新来的外国商人要求正式通商时,也会同样轻易地做出傲慢的答复。但两者之间的重要区别在于,清朝皇帝虽然未曾正式与西方"隔绝",但无所作为。中国并不像日本那样,利用长崎的荷兰人居住区有系统地吸取西方知识,也没有人像日本个别知识分子那样着迷于西方知识及其运用。在 19 世纪，当日本人到西方详细考察时，中国人也去到西方。但可以想象，此中的巨大区别莫过于：明治时代的政府高层领导人几乎半数都曾亲身周游世界，以了解日本进行制度现代化时会遇到的大小问题，而相形之下，中国人离开国内的权位，则有招惹猜疑或不务正业的风险。直到 20 世纪，这种区别仍然存在。诚然，日本在战争与战败的十多年间与世界大势脱节，但一旦游历和观察的机会重现时，明治时代的范例就再次出现，随之则是大量引进知识与技术，使偏处一方的日本转变为一个世界性的经济大国。相反，中国却退出国际市场，放弃西方技术，寻求自给自足并实行本土主义。而当美国在 1976 年庆祝建国两百周年时，中国逐渐放弃了这种方式。在 20 世纪 80 年代，这两个重要的东亚国家首次在平等与合作的基础上进行商谈和贸易，一个真正放眼于国际的世界观也许终会形成。

　　上述情况只不过预示将来可能有更全面的变化。如果这几个讲演能够对将来可能出现的事情和挑战提供参考资料，我的所得就极其丰硕了。我对柳立言君承担本书的中文翻译深表谢意。从 20 世纪 50 年代初开始研究孙中山与日本的关系以来，中日关系一直是我的学术研究主题，我盼望看到中国读者对这本小书的反应。

马里乌斯·詹森

1986 年 5 月于普林斯顿大学

1995年英文平装版序[1]

　　时光飞逝，我在华盛顿州塔科马（Tacoma）普吉特海湾大学的演讲已是二十年前的事。演讲之际正值美国建国两百周年，这亦早成过去。日本在1995年迎接迥然不同的周年纪念。首先，纪念日本帝国首次参与现代战争，并战胜大清帝国。1895年的《马关条约》成为日本致力跻身西方列强的第一步。对日本人而言，意义更重大的纪念是1945年的战败。经历半世纪的军国主义、战争及以天皇为中心的民族主义后，战后日本在强调主权在民、天皇是国家"象征"的新宪法下获得长治久安。在位六十二年的昭

---

[1] 本书1995年英文平装本增补了本篇序言，由作者马里乌斯·詹森教授的关门弟子、香港中文大学比较日本学研究中心主任吴伟明教授翻译。——编注

和天皇裕仁于 1989 年驾崩，日本人一边回首往事，一边迈步向前。

适逢时代交错，战后日本人身处的世界亦在迅速转变。苏联的突然解体令 1945 年以来的国际二元权力架构随之结束。美国对日政策亦出现变化，从昔日地域安全主导变成经济主导。日本的经济增长不再是亚洲的个别"奇迹"。亚洲沿海的韩国、中国台湾地区、中国香港地区及新加坡的经济均呈现高增长的态势，而且开始影响泰国、马来西亚、印尼等东南亚国家。亚洲的经济增长在 20 世纪末冠绝全球。中国大陆也放宽经济控制以吸收外国资金，预计将成为世界最大经济体。其沿海省份的贸易和工业发展一日千里，但工厂烟囱排放的废气却将酸雨带到日本的森林。

美国亦不再一样了。它是世界唯一的超级大国，但其国际影响力在战后数十年间不断下降。到了 20 世纪 80 年代，美国惊人的预算赤字令它成为世界上最大的负债国，而日本则跃升为最大的债权国。日元对美元持续升值，令日本在海外的投资火热，特别是在亚洲，以及美国。随着国内工资成本上涨，日本企业在它们不可或缺的海外寻找廉价劳动力及市场保障。不过，在美国房地产市场购入土地却招来美国人反感，对此，不少日本人感到惊讶。

　　1991 年，波斯湾战争显示邪恶独裁者无法继续在与强国对立中获利。美国先进的军事科技在这场战争中派上了大用场，备受国内媒体追捧，但日本投入仅次于沙特阿拉伯的 130 亿美元资助却被冷待。东京政府在处理捐献上手法笨拙，被新闻界批评为"支票簿外交"。

　　冷战结束对日本国内政治有同等分量的冲击。自 1956 年成立后开始执政的自民党受到一连串丑闻打击，合法性受到威胁，求变之声随之四起。离党的成员纷纷成立小政党，与反对派日本社会党结盟，组成好几个短命且不稳定的联合政府。首个联合内阁由一位广受欢迎的前熊本县知事领导。他成功改革选举制度，务求把政府和人民拉近。虽然没有人对这些变革的成果抱有信心，但是停滞不前的政治秩序终于有了改变迹象。意识形态随政治环境及世界事务而变迁。日本的社会党派人士在 1994 年摒弃大部分已坚持数十年的立场，与昔日对手自民党联合执政。各派政治人物皆希望政府能够回应诉求，但是与此同时，政治不稳反而让官僚制度获得强化。官僚最喜欢诸多管制，无意下放权力。虽然有人认为日本已经到达了一个转折点，然而它并不会迅速转变。鉴于商界、官僚及政府根深蒂固的利益纠葛与态度，改变肯定只能是按部就班地进行。

日本在国际事务上的态度亦是如此。它凭借经济力量在所有国际组织中扮演主要角色，但是这些组织并未对此做结构上的改革。联合国在化解柬埔寨政治困局及处理非洲和东南亚前所未有的难民潮问题上，皆受组织里的日本官员的指挥。面对要求广泛参与国际事务的呼声，日本国会小心翼翼且不情不愿地派遣了一支小规模的维和部队。这是日本战后首次派员参与海外事务。国会的激烈辩论使它成为非武装部队，以免参与武装冲突。观察家终于明白，大部分日本人对恢复日本"大国"身份感到厌恶。不过，少数政治领袖却认为日本恢复"正常国家"的时机已经来临。他们倡议更改宪法对军事的禁制，以迎合21世纪的现实。被压制半世纪的禁忌议题再次成为可能之事。

在新的形势下，日本人开始表现出全新且更强烈的亚洲意识，甚至有些人将此称作日本的"亚洲化"。这个说法很难被取代。1985年，日本对美国的贸易额比对亚洲的高出三分之一，到了1993年情况却刚好相反。日本在亚洲的投资如雨后春笋，与东盟（ASEAN）及亚太经合组织（APEC）的合作亦对亚洲融合有所贡献。日本成为中国最大的贸易伙伴，而中国则是日本的第二大伙伴。在1981年到1991年之间，全球贸易的实质增长率为48%，但是日本乃至整个东亚地区的增长却翻了一倍。在日本的院校，来自亚洲的留学生数目亦远远超越西方学生。

简言之，自我做这些演讲以来，日本人的世界观已彻底改变。我在1975年的演说中曾对三百万日本人的海外经验表示惊讶，然而在1994年此数字已经上升至一千三百五十万，其中五分之四是游客。二十年前我以杉田玄白、久米邦武、松本重治（卒于1989年）为例，现在要为这三人选择继承者言之尚早，但他们肯定会比前人更具备世界公民的特质。

普林斯顿大学出版社副社长暨编辑米里亚姆·布罗考女士(R. Miriam Brokaw)最初催促我把这些讲稿交予出版，我在此衷心感激她及其接任人把它们再度出版。

马里乌斯·詹森
1995年于普林斯顿

从《日本的世界观》看詹森史学

　　《日本的世界观》(*Japan and Its World*) 是一本重要的小书。虽然论其篇幅，不论英文版还是中文版，只有薄薄的一百多页，但却尽见马里乌斯·詹森作为一代日本史大师的风采。

　　詹森治日本史富有个人特色。第一，他对日本史有整体看法，将人物、事件及著作都能巧妙放在适当的位置。从树木见树林，绝不流于琐碎辩证或空谈阔论。第二，他将日本史放在东亚史及世界史的脉络中加以梳理。对他而言，日本史不是孤独的发展，而是不断在与东亚及世界互动中形成。他对中日关系史尤为关注，亦是西方研究中日关系史的权威。第三，资料翔实。他非常重视原始史料，擅长透过原典及政府档案做分析。他对西方及日本的学术著作了如指掌，包容各家之说如海纳百川，引用资料得心应手。第四，文字精练。大学主修英语的他行文用字十分老练，寥寥数笔已能表达丰富意思及其幽默感。文章不但典雅、自然、流畅，而且思路清晰，层次分明，可读性高。以上詹森史学的主要特色在《日本的世界观》中均可窥见。

《日本的世界观》原本不是学术专书，而是一系列公开演讲的讲稿，因此它未采用学术文章的格式，没有注释、艰深术语及冗长引文。这些演讲的对象并非其日本史的学生，而是一般美国人，故其内容浅白易明，而且令美国听众觉得跟他们的历史及所处的时代相关。

此书探讨近两百年日本人的世界观所呈现的变化。詹森以杉田玄白、久米邦武、松本重治三个历史人物为主线，分析德川中期、幕末明治初期及战后昭和时期日本人如何重新认识世界并给自己定位。透过人物讲故事带出历史的重要性，正是詹森史学的常用手法，其孙中山及坂本龙马的经典研究便是这方面的典范。

杉田玄白身处日本史上日本人的世界观出现转移的关键时期。兰学的普及令日本知识分子明白，日本、中国及印度（传统世界观的"三国"论述）只是地球中一小部分，而且日本的传统学问亦非金科玉律，在医学及自然科学的知识上远远落后于西方诸国。杉田亲眼目睹人体解剖后，发现中国医学有关内脏的知识不及兰医可靠。儒家传统的华夷之辨被质疑，日本人的世界视野从本土、亚洲扩展至全球；厌恶迂腐的旧思维，对新事物感到莫大兴趣。

若德川中期的世界观转移主要出现在知识分子身上，到了幕末明治初则已发展成全国性的思想苏醒。中国不但不再是学习的对象，甚至沦为亚洲近代化的反面教材及他者。日本努力向国际接轨，一批又一批向西方学习的官方及地方使团令人想起昔日的遣唐使。久米邦武便是出使西方最长时间的岩仓使团书记官，他亲自见证美欧的进步并留下详尽记录，以供明治政府作改革参考。他将美国及欧洲列于国际秩序之首，亦是日本的模仿对象。他蔑视落后的中国，并耻与为伍。明治时期全国上下一心求变，透过西式改革令日本摇身一变成为亚洲的新盟主及典范。

松本重治是昭和史的见证人及史家。战后日本从颓垣败瓦中发展至经济大国及亚洲成功模式之一，亚洲各国纷纷向日本取经，连西方对日本的成就都给予高度评价。日本人重拾自信及民族自尊，感到已实现日本多年在发的大国梦。日本在经贸、科技及商业管理方面已在全球前列，不再像昔日般以向先进国看齐为目标。日本的成就刺激新民族主义，强调日本人如何优秀及独特的"日本人论"有很大市场。日本对美国及中国的关系变得复杂，对前者似近还远，对后者似远还近。在一片欢呼声中同时又隐藏不少隐忧，日本为其经济奇迹付出了沉重的社会成本。

《日本的世界观》出版后，日本及世界均经历巨变。当今日本人的世界观如何？谁可作当今日本的代言人？日本人是愈来愈有国际视野，还是回归民族主义？若詹森仍在世，一定会亲自为此中文版再版写序，对上述问题给予精辟见解。现在只好由各位读者自行思考。香港商务印书馆在 2016 年重印柳立言译的《日本的世界观》中文版[1]，詹森在彼方必然感到欣慰。

吴伟明

香港中文大学比较日本学研究中心主任

2016 年初春惊蛰之日

---

[1] 1987 年中文初版原名《日本及其世界——二百年的转变》。——编注

目 录

第一讲

18世纪70年代对儒家秩序的挑战

任何人要以"日本两百周年纪念"为题作系列演讲，首先都要说明他打算纪念何事。美国举行两百周年国庆纪念不必作此说明，因为1776年的重要性显而易见。几年前，日本也忙于举行百年庆典，他们所纪念的1868年明治维新显然是功垂史册的事件。对于18世纪70年代的日本，我举不出如此鲜明的划时代事件。我现在在这里讨论的，是日本人的世界观在18世纪70年代开始发生决定性转变。这种转变通常并非由某宗大事件带来，反而是思想界和出版界的一系列大事件带来的结果，并为接二连三的政治事件扫清了道路。

认为18世纪70年代重要的不只我一人。几年前，唐纳德·基恩（Donald Keene）教授在关于这个时代日本人的著作中指出："他们已进入新时代，这就是近代日本。他们发现了……一种新精神——充沛奋发、好奇、善于接受新鲜事物的新精神。"更近一些，东京大学历史学者芳贺彻教授也写道："在18世纪70年代中期，日本人的觉悟、思想方法以及理解力，都经历了深刻的变化。"这变化的结果包括出版一部电力学著作和一部认定西方物理成就优于传统汉学解释的著作。最可以象征这种转变的是，杉田玄白医生于1771年观看解剖一名被处决犯人尸体后所做的有名论断。"青茶婆"的内脏结构，证明了一本荷兰解剖学[1]的理论正确而中国医书错误。后者所说的华夷人体结构相异、尸僵导致内脏易位等并不正确。杉田及其同伴在返家途中，决定翻译那本解剖学著作。他之后写道，我们立志要以实验来寻求事实。1774年，他们出版了这本书的日文译本，从此开启了西方书籍译本进入日本的时代。翌年，杉田在题为《狂医之言》的随笔集中，兴奋地挑战整个中国文化传统。

　　这一事件对日本的世界观有深远的意义。这些行动不

---

[1] 这本荷兰语的《解剖图表》（*Ontleedkundige Tafelen*）根据德国人高鲁茂斯（J. A. Kulmus）的解剖图谱《解剖图表》（*Tabulae Anatomicae*）翻译而成，1734年在阿姆斯特丹刊行。——译注

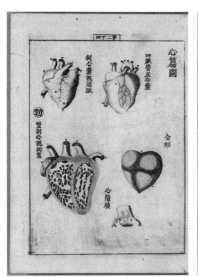

《解体新书》第一卷及插图　杉田等人历时四年将《解剖图表》翻译成四卷本的汉文书籍，并附上图表，现藏日本国立国会图书馆

仅是推翻传统世界观的象征，而且起了原动力的作用。

为了说明出现这种情况的原因和此中变化的结果，必须首先讨论一下传统的世界观，特别是长期以来使日本依附于中国的因素。

一、中国的巨影

说日本处于中国文化的轨道上是老生常谈。日本的书写系统，文学、哲学及思想等方面的文化价值观，以及政府组织和法律制度都源自中国。中国文明很早便传入比较落后、尚未统一的日本，影响其文化的形成。此外，中国也是佛教的宗教价值观与宗派发展的渠道。日本的佛教虽源自印度，但其信仰表达和组织却是中国式的。所以，日本受中国文化秩序的影响非常巨大，甚至是举世无双的。固然，包括赖肖尔（Edwin O. Reischauer）在内的一些学者认为，日本受邻国的影响并不真正比其他国家更大。赖肖尔指出，每个国家都曾摄取别国的文化，鼓励并强调日本的情况是错误的。最近，我们对日本史前史的认识增加，帮助我们更正确地了解日本的文化模仿。史前的日本有我们想象不到的文化。那时日本与大陆连接，往来活动频繁，

绳文女神 陶俑，日本绳文时代中期，高45厘米，现藏山形县立博物馆

心形陶俑 日本绳文时代后期，这一类型的陶俑面部皆呈心形。高 30.5
厘米，私人收藏，东京国立博物馆保管

远超过文献记载。日本不但接受，而且还参与创造早期文明。例如，碳14的测定将日本列岛古代文明的年代推前，证明了日本这种世界上最古老的陶器文明是从远古发展而来。有史以来，中国的影响虽大，但从未使日本在模仿、吸纳文化和制度的过程中不加选择和修改地接受。日本本身最基本的社会和文化价值始终显著。

虽然如此，但我认为日中关系在密切性和长远性上显然是独一无二的。原因有很多，有些关乎日本本身，但更多与中国有关。我且列举互相作用的六个因素如下：

第一，日本的岛国性与孤立状态。日本远离外来影响的源流，比其他大国的实际情况更甚。要是把对马海峡比诸多佛海峡，倒是正好突出二者间的差异。海风、洋流、地理和距离都是使日本孤立的因素，除非日本人抱有持续的目的和外界接触。而且，我并不相信有人曾从日本游到朝鲜半岛去。16世纪葡萄牙人偶然来到日本，但那是因为被海风吹离航道所致。日本的岛国性使日本人更加清晰地意识到他们和中国的联系，意识到舶来品的价值。"唐物"独特且容易识别；进一步看，18世纪学者本居宣长所慨叹的"汉意"（即"中国精神"）也是如此。此外，诸如医药、绘画、诗词、散文等方面则有"汉方""汉画""汉诗"

"汉文"等，其他许多方面也都是被定为和日本本土有别的"汉"。

第二，直到近代，中国的影响是日本唯一的外来影响。自然，朝鲜在其中成为传递许多中国风物的渠道，但几乎更多是作为承载它的器皿。随着佛教传入，日本人知道有印度。可是直到近代为止，印度始终遥不可及，而且佛教也是靠中文译本传入。换言之，日本的选择有限——在早期，除了中国便别无他国。日本处于一个文化领域的外围，而在它的另一边则是一片空白。

第三，以中国为楷模的持续性。和影响近代欧洲的腓尼基、希腊、罗马不同，中国对日本的影响持续存在，而且具有强大力量。对日本而言，中国是古典时代、是文艺复兴时的意大利、是 18 世纪的法国，它是唯一的、经久不衰的文化巨人。英国或可自谓继承了罗马的伟绩，而俄国亦可声称继承了已经覆灭的拜占庭的遗产，但恒久延续的中国却一直是其过去遗产的优先继承人。

第四，中国提供了非常特殊的模式。它没有刻意去宣扬自己，因为它没有必要这样做。中国克制谦逊，因此使日本在借鉴中国文化时更易挑选取舍。不过，任何努力都必须来自日本。由于路程遥远，危险常伴，且往来费用很高，

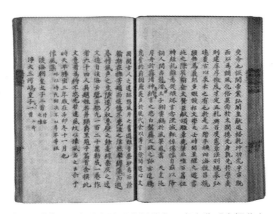

《怀风藻》 日本现存最早的汉诗集，序中称"余撰此文
意者，为将不忘先哲遗风，故以怀风名之云尔"

《万叶集》 日本现存最早的和歌集，使用汉字作为日语注
音符号，一字对应一音。室町末期抄本，现藏京都大学附
属图书馆

所以，为此而做的努力需要有组织并要有决心。来自中国的唯一一次侵袭，是 13 世纪时蒙古人发动的，与汉人无关。在元朝，一些佛教僧侣东渡日本，传播禅宗；清朝初叶，也有若干儒家学者跋涉前往东瀛。然而，这些人之所以去日本是因为中国社会极其动荡——当时蒙古人和满族人的统治不合中国模式。从明朝开国君主到近代中国的领导人，中国对日本的普遍态度是对其行为的指责，以及对其文化的漠不关心。

第五，日中交往是间歇性的。日本统治者只在必要的时期才鼓励交往，在日本文化发展高潮到来后必定减弱。从 7 世纪到 9 世纪，经过数百年的积极接触之后，交往逐渐变得缓慢不前；中世纪时商人和僧侣的交往，到了 14 世纪再次中断；15、16 世纪时的官方使节活动，到 1644 年清朝入主中国后又告中止。此后直到近代，日中之间就只有小规模的商业往来。同样，中国文化间歇而集中地进口，正好与日本传统文化的起伏相适应，从而明确何者为"日本"，何者为"中国"。在这种情况下，借助汉字写成的最早的文献便是描写天皇具有神格性的日本神话，用汉语训读组成最早的词汇中也就有"神道"一词。这并不奇怪。由此可见，中国帮忙定义了日本。另外，日本的孤立性使它能适应及同化中国文化,直到"日本精神"——"和魂"——能够包括不少中国文化的成分,所以近代的神道也带有老子和道教的影响。

第六,最后,中国人是从文化角度而不是从地理或种族角度去解释中国精神——中国文化价值的普世性——使日本知识分子有可能完全置身于中国的文化秩序中。令人惊诧的是,即使在20世纪的日本,通俗小说的作者都还期待着读者能够通晓大量的中国诗歌、散文、历史的典故。中国人与日本人虽然没有共通的语言,但可以借笔谈沟通思想。现在这种交谈方式虽已日渐淡薄,但就在1972年,田中首相还鼓起勇气给毛泽东赠送一首据说是自撰的诗,收到的回礼则是一部《离骚》。

上述种种说明了日中两国之间的特殊关系。一些反面看法必须补充,即强调日本人通常对中国抱有矛盾心理,使我们更深刻地看到日中关系的不寻常。日本文化处于中国文化轨迹之上,但日本人在宗教、诗词、美术等方面的偏好,使他们对中国输入的文化有保留地进行选择。在政治社会制度的形态方面,中国模式更是很快便被修改得难以辨认。

日本从未处于中国政治轨迹上。日本统治者从来不愿意接受中国对其周边邻国所指望的那种附庸地位。自 7 世纪起，两国开始交换国书，那时日本国书中自尊自大的口气，使隋朝朝廷认为文理欠通。（顺便说一句，一千二百年以后，美国致清朝皇帝的第一封国书也是如此，其措辞是和印第安酋长通信所用的最贴切文字。）记载日本使者到中国朝廷的文献中，充满许多著名的例子，显示他们在不友好以及有时有危险的情况下，以（有时用法术来加强的）勇气战胜态度傲慢的中国人。唐代诗人白居易在日本极受爱戴，长久以来是日本汉诗诗人的楷模，可是即使从他身上也可以看到日本人对中国文化欲迎还拒的矛盾心理。在一出 15 世纪以《白乐天》为题的能剧中，白乐天被构想为企图征服日本文明的象征。然而，他遇到的并不是一个温顺模仿的民族，而是一个老渔夫。老渔夫郑重地告诉白居易，诗歌在日本是普罗大众的表达方式，不像在中国只作为名流精英的消遣品。在最后一场舞蹈中，老渔夫现身为日本的诗神住吉明神，挥动衣袖，鼓起大风，将这位客人的坐舟吹回中国。

　　日本天皇与神道教众神及神社有着特别的联系，他在宗教上的任务，可能是保证日本不会屈从于中国其他对臣服纳贡的国家所要求的那种卑屈的仪制。除了 15 世纪足

《白乐天》 中间带面具者为白乐天。月冈耕渔所绘，1898 年。现藏立命馆大学艺术研究中心

利将军短暂的反常表现外，日本的统治者从不以中国朝廷认为恰当的称谓致书中国。相反，16世纪丰臣秀吉再次统一日本后，妄图征服大陆以获得正统性。也许只有这样，他才可以建立自己独立于天皇之外的政权，而不必再臣服于明朝皇帝。丰臣的计划与远征行动，因明朝援助属国朝鲜而受挫，其统治亦旋告崩溃。

二、德川思想里的中国

上述这些大家都很熟悉。但我要讲的题目是18世纪70年代，为此我们得先考察一下17和18世纪的时代背景，那时出现了我们应该关注的一些变化。

1600年，德川政权建立；1615年，最后的反对者降服。不像丰臣秀吉以征服大陆的方式寻求正统，德川统治者认定，锁国政策才是捍卫他们政权的最佳手段。正如我的一位同事所说，他们为自己的国家选择了自愿的单独监禁。

江户幕府关心的是国家的稳定和安全。据德川家族取得胜利的持续一个多世纪的大名乱战显示，放任外国的物资和武器流入可能再次导致乱世。散布在东南亚的日本商人和定居者（其中有些是战争难民）虽然能够为贸易乃至

盖有德川家康印章的文书 其中命令荷兰船只抵达日本港口时不得阻碍。现藏荷兰国家档案馆

对外移民提供机会，但也同时产生难以控制以及造成幕府
潜在敌对势力财富增长的问题。丰臣秀吉远征朝鲜的失败
经验说明，日本主导的国际主义有实际困难。中国主导下
的国际主义仍有可能。虽然德川统治时代初期曾予以考虑，
但幕府顾问似乎得出结论，认为中国的条件无法与日本的
主权及幕府政权的正统性调和。因此尽可能缩小贸易范围，
并限制仅存的通商，似乎才是更明智的方针。

　　在 17 世纪 30 年代，拒绝国际贸易以维护德川统治正
统性成为可能。一百年前来到日本的天主教传教士在日本
诸藩收罗信徒，他们的能力显示了外来势力颠覆日本的可
能性。进口并在此后自主生产的火枪加速了日本的统一，
但国家一旦太平时，它们只能危害太平，并威胁以刀为象
征的武士阶级的地位和优越性。1637 年，日本南部发生了
带有基督教色彩的"岛原之乱"。幕府召集诸藩镇压，之
后下令全国禁止基督教。这些命令的执行为幕府干涉各地
区的事务提供了前所未有的方便。

　　同时，幕府颁布锁国令，取缔对外关系。其中一个诏
令告诫说："日本船只一律不准开往外国；日本人一律不
准偷渡出境，违者死罪；任何侨居外国的日本人不准返国，

违者死罪。"[1] 严酷的镇压消灭了日本的基督教，或者说迫使他们转入地下。直到 19 世纪 70 年代，每个村落都有禁止"切支丹（基督教徒）"的告示,规定告发基督教徒者有赏。国家也强制要求所有人到佛寺登记则为消极的禁令提供了积极的控制。

中国上演的巨大变化使幕府更易于做出放弃对外接触的决定。1644 年，满族入关。这开创了中国的一个政治权力鼎盛的时代。中国的疆界向西方和北方扩展；大清帝国建立了近代中国的主权领域，将那些从前没有受中国直接统治的区域都纳入中国的版图。国界以内的离乱分子都被有效镇压。中国沿海的贸易及地方的独立势力对北京的威胁，看来就像私人的海外贸易对幕府将军的威胁一样。历时半个世纪，清朝才能控制中国南部沿海，直到 1683 年，台湾才归顺清廷。到此为止，清政府封锁沿海，甚至一度将沿海居民迁往内陆。而在过去两个多世纪，日本商人和倭寇频繁往来于中国沿海，中国商人也赴各地经商。此时，德川与清朝政权都打破了这种模式。幕府将军认为清朝的兴起是对东亚稳定的威胁，但他们没有能力对此施加影响，

---

[1] 见宽永十二年锁国令。——编注

查禁基督教的木牌（复原物） 江户政府在村口立下这种木牌，禁止基督教，并规定举报"伴天连"（传教士）奖银500枚等。原件现藏岐阜县历史资料馆

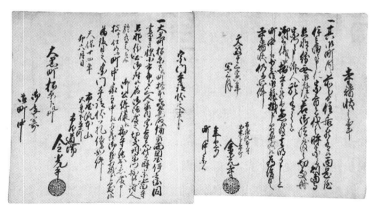

宗门改账及寺请文书 幕府镇压基督教，规定百姓必须归属于某一寺院，并由该寺院发放证明文件，因为涉及所有人，这些文件事实上也成为户籍文件

只得视而不见，而清朝也以相同的态度对待日本。此后，只有少数华南商人设法维持了与日本的小规模贸易。他们被安置在长崎并受到监视，那里还居住着少数亡命日本的明朝遗民。

到了18世纪，日本对中国及更大世界的概念比以往任何时候都复杂。中国的典籍是日本研究大多数古典学问的媒介，但中国本身处于不友好且事实上是"蛮夷"的统治下。中国的图书与中国货物一起经前往长崎的中国商人输入日本，其中有些与科学有关，不过受基督教影响的内容都必须先删除，因为它们反映出了西方传教士也在中国的事实。到18世纪为止，这些人在中国翻译和教授西方科学。在长崎，葡萄牙的天主教徒被驱逐后，荷兰新教徒被获准通商贸易。但是，他们也被日本当局隔离起来，以免腐蚀接近他们的日本人。换言之，较之以往，日本对中国和西方的感情更为极端，矛盾心理也更明显。这方面的研究工作还很薄弱。对历史学家而言，这是一个既困难又吸引人的研究专题。

无论如何，德川统治者的严酷手段成功地实现了他们的目的。日本从而享受了两百多年的和平与安全。长期安定的社会秩序，促进了视野和制度的发展，使17世纪初好斗的武士转变成更有责任感和更文明的官僚，掌管一个持久的军事政府。和平时期的艺术和教育繁荣发展，而庶民文学和文化则显示出以前只属于少数精英分子的生活理想与学问，现已渗透到平民阶层。

德川时代的一个特色是中国的文学经典比以往更加重要。于是，日本人便有可能而且事实上也有必要对"中国"和中国文化加以区别。"中国"作为一个国家，已经进入满族人的统治，正如几百年前进入蒙古族人的统治一样。但这次，日本人对该事实的意识比以前更清楚，因为日本社会内部的变化拓宽了他们意识的视野。中国的图书和亡命日本的明末遗民，使满族人征服中国的记忆在其自身施行文字审查后仍长久不衰。

另一方面，中国文明受到空前的推崇。教育的普及和复兴加深了日本对儒家学说的重视。儒学成为精英学校的主要科目，包括大名建立的藩学以及在各城市中兴盛的私塾。在绘画方面，日本的狩野派风景画点缀着中国旅客和贤哲的形象。一个被称为"文人画派"的重要业余画家团体，就是在模仿晚明文人画家的风格。这时用中文写的汉诗大量出现。此外，还有一种崇拜中国文化的倾向。很多日本儒学者以他们期望是优秀的中文写成哀歌，表达自

《高雄观枫图屏风》　狩野秀赖绘，纸本设色，六折屏风，室町时代，现藏东京国立博物馆

《花鸟图》　狩野永德绘，纸本墨画，室町时代，现藏京都国立博物馆

己徘徊于中国文化圈外的哀伤。日本最受尊崇的儒学者之一荻生徂徕曾自嘲是"日本国夷人"。18世纪初期无出其右的朱子学者和政治家新井白石，一方面系念将军的至尊权威，另一方面又冀望得到中国对自己的承认和赞赏。他希望将军同朝鲜通信时用"日本国王"的称号，并设立仿古的仪制，使日本更富有古风。但他又想尽办法通过琉球遣清的使节，请北京一位地位很高的学者为他写的汉诗集作序。

不过，这不是日本儒学者唯一的立场。一些人接过中国的形式而舍弃其内容，要求"中华"施惠于日本，又把中国本身列为边疆"夷狄"。凡是抱这种思想的人，都试图在中国典范和中国历史之间做些区别。典范是毋庸置疑的，它代表文明，但中国的历史却有严重的缺陷。荻生徂徕可以拥护甚至信仰中国圣贤的古典传统，但却否定近世中国儒学思想的走向。他和他的门生留意到，中国是由封建分封向中央集权制发展，而日本则反其道而行之，从古代天皇制发展到现在的封建分权。可以说，两者各有其合理的地方。新井白石欣然承认中国文学的先导地位，但也肯定日本及其统治者在政治上应受尊崇。山崎闇斋曾被学生问到，假如孔子率领军队威胁日本时，他们该怎么办？

闇斋告诉他们，以孔子之道行之——抵抗。

儒家学说流派众多，并能调和许多主张。但德川幕府尽量限制不同的解释，提倡单一的正统学说。不过，日本缺少正统学说得以在中国成立的科举制度和尊王思想背景。相反，将军和大名们征求儒学者的意见，而这些儒学者对于善政各持己见，从主张制订严格的行为规范，到认为应容许直觉和内心的道德觉识。虽然两者都可以在中国经典中找到根据和范例，但就像在中国一样，前者更适合日本的官僚等级制。儒家学说本身内涵广泛，与其更为合拍的是道德范畴而非教条细节，但那些儒学者却未能如此认为。日本封建等级制度的组织森严，身份差别过分讲究，令人偏重于定义的细节，就像在行为规范上那样。这也导致他们的信念和行动古板僵化，从而让后来的改革者可以轻易地攻讦官方儒学是空洞的、"中国式"的。

在文化方面是景仰，有时甚至是自卑；在政治方面是疏远，甚至敌视。这就是德川时代日本中国观的特征，但这个特征一点也不新奇。在更早期，日本的统治者和思想家就已经如此了。不过，新鲜的是，18世纪这种意识渗入平民文化中，成为受关注的主题。由于平民对文化的欣赏比较表面，对接受中国文化恩惠的意识也比较薄弱，所以强烈的自信看上去占了主导地位。近松门左卫门的名剧《国性爷合战》[1]，自 1715 年上演后一直卖座。剧中颂扬一名英雄的丰功伟绩。英雄的父亲是中国人，母亲是日本人。他在明朝覆亡到清朝统治秩序建立期间活跃于台湾。唐纳德·基恩对该剧的优秀翻译可证明上述各论点。当时虽然有锁国政策的限制，但近松门希望观众的视野超越日本国界。剧中国性爷的日本妻子责备丈夫说，他们已经约定一起走，"不只去中国或朝鲜，还要去印度或天涯海角"。日本的武士道传统受到作者的赞扬。作者描述国性爷举兵讨清时，祈求 4 世纪时征伐朝鲜的神功皇后福佑。非常有意思的是，满洲人被贬斥为可鄙的野蛮人。这个忠于大明的将军对比了文明的明朝和野蛮的鞑靼。"这个生育圣贤的家国，不久就会沦亡于蒙古人手下。我们也将成为他们的奴隶。唯一与牲畜不同的，乃是我们不摇尾巴，不披毛皮。"他的警告成为事实："整个家国……已经被鞑靼蛮夷奴役。"

对于这种局面，除了靠传统的日本勇气外别无他法，而国性爷的日本血统正是急需的。他清楚地表示已经厌烦

---

[1] 原作书名即为《国性爷合战》。作者虽然借用郑成功（国姓爷）的事例，但对史实有大幅改变，因而题作"国性爷"。——编注

国性爷合战 左侧为和藤内,即以郑成功为原型的主角,中间男子为清朝将领甘辉,右侧女子是和藤内的异母姐姐、甘辉的妻子锦祥女

别人把他说成是一个渺小而不足道的家国之人。此时，他的观众与他感通一气，他振臂高呼："你们这些卑劣的可怜虫，竟轻视来自小国的日本人，现在要你们尝尝，连老虎也要发抖的日本威风的厉害！"他的秘密武器只是一把日本刀，"刀锋上附着日本众天神的神通力量"。其威力之强大，连国性爷也认为"用这把刀去对付一只老虎"不公平。但是，他还需要一些特别的力量，最后伊势神宫的神圣法力发挥了神奇力量，让中华虎垂尾帖耳，缩手缩脚。旁白者以吟诵调唱道："天照大神的威德真是令人战栗。"原始的小国沙文主义挽救了那个时代。在南京那场决战[1]，毫无疑问，英雄的胜利是由于"蒙受上苍无穷福泽的大日本天皇的神德、武德、圣德"。[2]

　　过多地谈论舞台剧目的夸张表演很不明智，但像讲述遣唐使吉备真备之业绩的相关题材，往昔表现于卷轴画中，作为中世纪贵族的耳目之娱，如今却以大众化的形式重新表现出来，自然有其心理上的重要性。满族征服中国，显

---

[1]　《国性爷合战》结尾的一场战争。——编注

[2]　Donald Keene, tr., *The Battles of Coxinga* (London: Taylor's Foreign Press, 1951)，亦见 *Major Plays of Chikamatu* (New York: Columbia University Press, 1961)。

然使日本对中国的态度更趋复杂化。17世纪的作家曾警告过，蒙古人侵袭的危险有可能再次出现，而在晚近的1786年，林子平企图再次煽起已经静止的恐惧。他说清朝已经以征服的手段解决了中国边境的问题，此时可能要侵袭日本了。[1]

三、摒绝"中国"

到18世纪为止，唯有佛学思想才可能取代儒家思想。由于这两家学说都来自中国，所以中国学问的优越地位并没有在这场竞争中受到挑战。但到18世纪末叶，有些日本思想家准备抵制整个中国思想模式：既抵制佛学，也抵制儒学。其中最坦率的思想家与国学运动有关联。

18世纪见证了日本文学和哲学研究的重大发展。儒家学者以新的严肃精神和决心，转向直接研究儒学的主要经籍，力求把儒学从后代的解释中解放出来。日本诗歌专家潜心从事考证，从中深入探求日本美学和价值的核心。在研究日本古代经典时，他们力求定义形成日本民族性的中

---

[1]　见林子平《海国兵谈》。——译注

心内容。这些研究工作部分表明他们从心理上反抗儒学的一统天下、反抗他们心中那些讲究形式与教条的专横学究。正像同时代且处境相似的德国浪漫派学人，他们寻找本土传统的自由精神，这种精神在外来规范和外来古典主义的桎梏下正处于窒息的危机之中。

国学者宣称，日本精神是纯洁、自然和无拘无束的，儒家道德规范与它格格不入。情感纯洁而诚实，以章法来束缚它，或以宗教来升华它都不诚实。本居宣长写道，这些外来的骗局与谎言违反人的本性。日本传统的抒情诗最清晰地反映出恰当的物哀之情。因此，他们追溯日本古典文学的传统，追溯未受中国文化影响的古老纯粹的价值观。古代的神道信仰，连同伊势神宫以及对天皇的崇拜再次得到强调，而天皇的守护神天照大神则象征了日本精神和政体超越所有他者的绝对优越性。国学者的文学理论和哲学理论有时听起来像道教口吻，因为道教传统蕴含中国内部反对儒家秩序与行为规范的成分。在哲学方面，他们能够与荻生徂徕等渊博的儒学者严守经典的精神契合。但当谈到本土神灵和民族精神的价值时，他们是最早的日本主义理论家。

重要的是，在上述情况下，国学者，特别是本居宣长，

伊势神宫迁宫 1953年。每隔二十年，伊势神宫就会整体搬迁，重新建造大殿等全部建筑，已持续约一千三百年

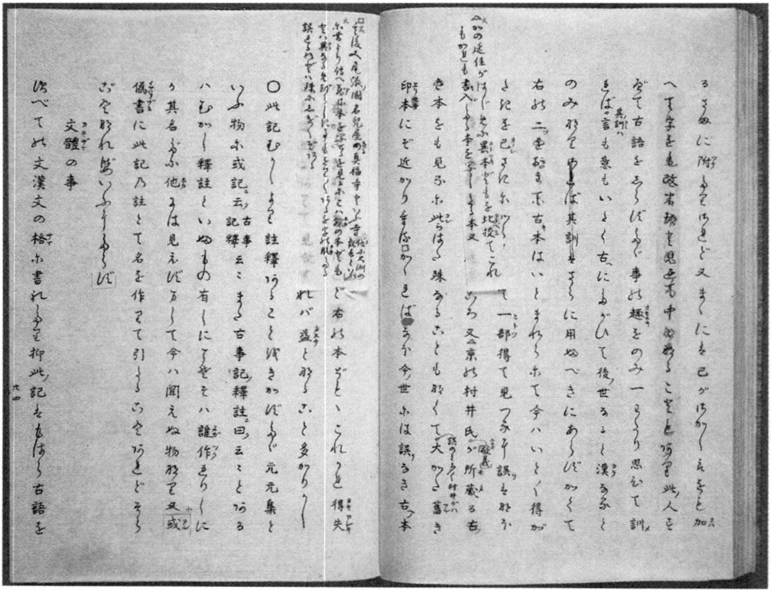

《古事记传》手写本 本居宣长为《古事记》所做的注释书，共四十四卷。此为本居宣长的亲笔写本，现藏日本国立国会图书馆

借由肯定日本而把对中国及儒家学说的抵制合理化。1771年，杉田玄白在江户目睹青茶婆的解剖，而本居宣长写了《直毗灵》一书，其中继续批驳和否定大部分中国传统。他认为中国的圣人只不过是儒学家为了使别人困惑和铭记而创造出的概念，他们代表一种要把中国的典籍和学说普世化的努力，好像它们何时何地都可适用。这完全是虚假的。在他看来，中国是一个无序和暴力的国家，而中国圣人只不过是最成功地行使特殊骗术的人。"汉意"（中国精神）是一种争论和暴力，谈不上是智慧和道德。所以，日本儒者笃诚于上述种种实在是可笑。若干年后，本居宣长在《玉胜间》一书中讽刺了那些崇拜中国的日本人。

> 若问儒者皇国的事情，他们言不知而不耻。若问唐国的事情则言不知而甚耻……这是要万事为唐物，以至他们自己也要扮为汉人，皇国亦作远国待之……这对那些人尚可，但若唐国人问，岂能说我熟知贵国的事情但不清楚己国的事情？若如此，对方必定拍手嘲笑说，不知己国事情的儒者，怎么能了解他国的事情呢？[1]

---

[1]　出自《玉胜间》第一卷第一章第九则。

　　本居宣长继续傲慢地说，假如一个日本人，研究了日本的传统之后还有时间去读中国书籍，那是允许的，甚至是值得的。因为只有这样，才能够知道中国的方法没有用处而且错误，不过人应该首先了解本国。

　　本居宣长是雄辩高手，也是大学者。他在辩论中歪曲中国传统，直至丑化儒家学说。他的辞锋大部分针对日本腐儒。这批人为数众多，对待一切问题都把中国放在第一位的做法激怒了国学者。正如哈里·哈路图尼安（Harry Harootunian）教授所论证的，在某种程度上，国学者更多地把"中国"用来暗喻一种规范价值体系，而不是把它作为一个国家；他们真正在讨论的是思想本身，而不是思想的来源。不过，重要的是，他们以这种方式选择这个暗喻，而当儒学者察觉到威胁时则立刻还击。于是，这种方式不久就引出了一场激烈的文学论争。继续探讨这场论争会很有意思，因为它对神道的政治化和尊王思想的出现都有一定的影响。我们要提醒自己注意，中国的优势在任何时候都与活跃的日本自我意识共存，而在18世纪末叶之后这种优势迅速丧失根基。到了我们将在以下讨论的杉田的时代，已有人准备跟整个中国传统较量了。

四、西方模式的出现

国学者抵制儒家形式主义的中国传统，但他们除了提出未成体系的自然主义和直觉鉴赏外，并没有可取而代之的东西。强调日本的独特性和本质，看起来也未能激发他们去寻求其他更有用的模式。但到本居宣长撰写的主要作品时，另一条找寻知识的途径已经大大向前推进了。这就是借由荷兰商人带到长崎的书籍而进行的西学研究。

由于所需篇幅过长，此处就不详述这一发展情况。发展的主要方面在很多地方已经提到，但大部分资料只是显示那些故事饶有趣味。这的确是世界文化交流史上最特异的一章。尽管日本人在行动、兴办企业和进口上都受到限制，但仍有三五成群的日本学者，在相对孤立和互不联系的情况下工作。在18世纪，他们主要分成两类。一类是在长崎协助荷兰东印度公司和幕府进行贸易的翻译行会。大约二十个家族世袭这项工作，提供能干的后继者，有时也通过收养继子来罗致。另一类是跟随藩主住在江户（现东京）的医生，人数很少。在那里，当新井白石审问在1709年非法入境的意大利耶稣会教士西多蒂（Sidotti）时，兰学第一次受到幕府注意。在18世纪20年代，为了改良历法，将军德川吉宗准许若干家臣开始研究兰学，同时放松了对有关西学的中国书籍的检查。半个世纪后（1770年）医生、学者前野良泽获准出"境"，前往长崎直接向那些翻译人员学习。

那些翻译有学习荷兰文的最好机会，但他们的时间都用到公务上去了。不过，即便他们也没有字典或其他学习语言的工具。经过他们苦心翻译，1796年一部字典终于完成。这本字典的修订本于1833年完成，但到1855年才获准出版，这时已是佩里叩关之后了。

这两类学者知道彼此，而且当长崎翻译长官随荷兰商馆长前往江户完成例行朝觐时，双方偶尔有机会见面。在德川统治的两个半世纪内，这类朝觐共有116次：1633年以后每年一次，1764年以后两年一次，从1790年到1850年最后一次为止则是四年一次。他们从长崎到江户行程的礼仪都是按藩主的仪仗进行，一般要花90天，在1787年则花了142天。荷兰商馆长由一名医生，也许还有一名秘书伴同，率领50人左右的日本随从，下榻于江户日本桥附近的长崎屋。商馆长住在二楼，有四个房间归他，随他来的翻译也住在这层楼上。

江户医生可以到长崎屋访问客人并提出问题。他们通

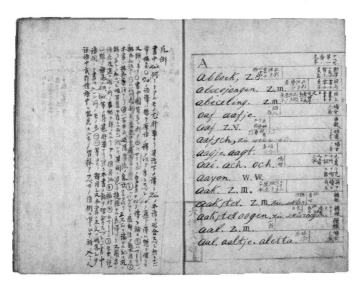

字典《波留麻和解》 稻村三伯（1759—1811）等人以荷兰人 Francois Halma 所著的荷法词典 *Woordenboek der Nederduitsche en Fransche Taale* 为底本，将其中的荷兰语逐一译成日语，并于 1796 年完成，共 13 册。"波留麻"即 halma 的音译。为区分另外的一个译本，本词典也被称为"江户波留麻"。现藏早稻田大学图书馆

常几人一组。大槻玄泽在 1794 年谈到，这种交流方式并不完善，如果这次没有得到提问题的机会，就要等四年以后的下次来访了。许多长崎的访客也总是渴望从江户雇主那里了解日本的情况。坎普弗尔（Kaempfer）、通贝里（Thunberg）和西博尔德（Siebold）——他们都不是荷兰人——向西方提供了介绍日本的最好资料。通贝里和西博尔德分别在 1775 年和 19 世纪 20 年代吸引了不少日本学生，从而形成尔后日本科学界的核心。

日本国内的交流方式也好不了多少。长崎翻译志筑忠雄高兴地写信给大槻玄泽说，他的一个仆人幸运地被一位就要去江户参观的地方藩主征用为脚夫。志筑乘此机会写信给大槻说："你能不能借给我任何讲新颖而有趣的物理学、天文学理论的书籍？中文的或西文的都可以。我特别想看那本你说正在撰写的关于对数的数学书。我有一本书叫《求心力的法则》（Wetten der middelpunizoekende kragten），讨论天地运动的原理、天体运行快慢的原因和送行驻留的原理。我已经把它翻译好了。"

这封信可以证明，日本的翻译时代事实上早就已经开始了，而真正令人纪念的第一个成就，就是我在开始时讲到的江户历史性解剖。杉田玄白和前野良泽这两位观察者都是学荷兰文的医生，前野在 1770 年获准在长崎停留几个月。这次解剖在杉田的回忆录《兰学事始》中有详细记录。

　　……原先约定是由解剖技术高超的秒多虎松来做，但是那天他恰好突然生病，所以由他做屠夫的祖父代替。老人已经九十岁了，但还很健壮。他告诉我们，他年轻时多次帮忙解剖，自己也解剖过几个人。据他说，在那之前，解剖交由秒多负责，他则在其中寻找肺、肝、肾等，告诉要切掉的部位。来看的人们远远地眺望，似乎不会直接去穷究内部。内脏自然没有标记，当时人们都相信他的指点。那天也是，屠夫一一指出了各个脏器，还指出了除了心、肝、胆、胃以外不知名的内脏，说自己虽然不知道它们的名字，但是他解剖过很多人，每个人腹内都有……根据我们的解剖图，其中一些原来是大动脉、大静脉和肾上腺体等……过去的医书说，肺分六叶两耳、肝左三叶右四叶，但我们发现并非如此，胃肠等的位置和形状也和以前的说法完全不同……

　　……那天的死尸是个大约五十岁的老妇人，绰号叫青茶婆，生于京都。

在返家途中，良泽、淳庵和我同行。途中我们兴致勃勃地谈论，被这次实验彻底震惊了。身为藩主医生而对医学上最基本的人体真正结构茫然无知，我们感到惭愧。为了要做名副其实的医生，我们要基于此实验，辨明身体的真理……然后我建议不借助长崎的翻译而是把这本《解剖图表》（*Tafel Anatomia*）读通，并把它翻译成日文……

翌日，我们在良泽家中见面，开始攻读这本书……

我们逐字推测进行翻译。慢慢地，能够解释的单词多了起来……遇到困难的单词时，我们想总会有一天把它译出来，暂时就在单词上画个"⊕"。这情况经常发生呀……逐渐，我们一天能够翻译十行或更多了……经过两三年的努力研读，书的全貌终于弄懂了。那种乐趣就好像吃甘蔗一样。[1]

杉田几乎不由自主地写道："'兰学'这个新名词在社

---

[1] 《兰学事始》（林茂香私人印刷，东京），1890 年第 30—39 页，此处据日文原文对英语译文稍作调整。——编注

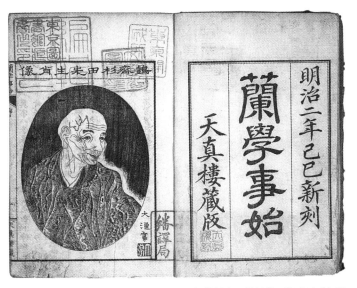

《兰学事始》 杉田玄白在书中回忆翻译《解体新书》的过程，称当时"如乘无桨之船入海，茫洋无所寄，只哑然呆立"

会上出现和传播，并在全日本流行起来。"

翻译的时代就此开始了。1815 年，杉田在八十三岁高龄撰写回忆录时说，"今天，所谓'兰学'已经很普遍流传了。有志者严肃认真地从事研究，知识欠缺的人也不加考虑地夸张其事。回想起来，我们几个老头子倡导这种求知之学，几近五十年了。"杉田回顾说，汉学有朝廷的全力支持，还派有遣唐使，而兰学不同于汉学，但为什么它变成这样重要呢？杉田最后回到这个问题。"当时我从来没有想到兰学会变得如此之盛。汉学是修饰文章的学问，所以发展缓慢，而兰学则是将事实原原本本地记录，所以会更容易接受吧。"不过他仍然承认，也可能是汉学先"开人智见"。

正如基恩先前提到本多利明的话，杉田的回忆录、日记和对话清楚地显示日本已进入一个新时代。汉学支配的时代已经结束。汉学有时是错的，例如在人体组织方面；有时又不切实用，因为它通常和保守主义、愚民政策相联系。在 1775 年的一次对话中，对谈者向杉田提出异议：

> 你看，朝鲜和琉球虽然都不是中华，而且相距颇远，但它们的书籍均用中华的文字写成，又接受了相同的圣人教化。你现在教授的医学知识，是来自世界西北

角远离中华九万里的国家。它们的言语跟中华语言迥然不同，它们对圣人也一无所知。它们甚至是蛮夷国家中最边鄙的国度，风俗殊异。它们的学问能给我们什么好处呢？

杉田回答说：华夏人惯于鄙视蛮夷，但你瞧，现在是谁统治他们呀！无论如何，全世界的人总是相似的，而彼国亦不过是东海一隅的小国。真正的医学知识必须有普遍的基础，而不能根据少数人的智慧。此外，实验证明，圣人关于人体结构的书是错误的。这个证据说明，如果轻视荷兰人或者他们的学问，实在是大谬不然。

杉田从他的翻译中学到什么呢？芳贺彻教授提出五点重要的教训：一、中国人是错的；二、传统的学问无论看上去多么权威，也不能盲目迷信；三、医学必须根植于人体的实际和生物学知识；四、从这一点出发，人人都是平等的；五、因为人人平等，医生必须学会一视同仁地对待他们。这五点都没有直接的政治关系，但从长远来说，却都有重要的政治意义。兰学者从此可以预言，面对西方优越的知识与技术，幕府保持日本与西方隔离的政策注定失败。此外，杉田在哲学或社会方面得出的平等结论——他所持的这些结论和其他一流兰学者共通——与德川幕府的官方政策直接对立。杉田在日记中记录了某些被怀疑的教士所受的惊人不公和暴行。在行医时，他的所作所为也实现了平等的原则。这一行动的政治后果在他辞世（1817 年）后二十多年就出现了。那时，保守派借口一些兰学者是潜在的颠覆分子，施加公开的迫害。[1]

我们可以看到，上述各点的影响远超杉田时代，并直接影响佩里来航（1853 年）之后日本改头换面的巨大变化。它们的确持续很长时间，即使在杉田生前，日文译著也已涵盖了西方科技和科学的主要方面。到 19 世纪初叶，求知欲旺盛的日本人开始谈论伽利略和牛顿的理论。幕府在 18 世纪 90 年代就已开始收集荷兰书籍，1811 年在天文局下成立翻译处。[2] 积极热情的青年学者，诸如福泽谕吉等求学的私立学校纷纷在大城市出现；许多重要的大藩都尽量利用有利条件促进新学问的研究。

杉田及其朋友开始的翻译运动，以及由该运动导致的教育和实验方法，既是日本世界观在转变的过程中已经崩

[1]　这是日本 19 世纪 40 年代有名的"蛮社之狱"的政治迫害。——译注
[2]　这个翻译处的名称是"蕃书和解御用"。——译注

溃的象征，又是促使其崩溃的因素。它所产生和培育的态度，使德川末期的日本成为具有无穷趣味与活力的时代。兰学者迈出了通向此后形成的公开科学界的第一步。

不过，兰学者的影响也不能过分强调。杉田有这样的倾向，因为他从几个早期人体解剖的实践证明中了解到西方解剖学优于中国的医学论述。但佐藤昌介教授指出，徂徕学派重视实证方法，也有这种启蒙的功绩，但这并非完全是西方传入的方法；当时也没有人进一步从事直接翻译，或者建立一个有系统的医学基础。新学问的具体成果有限，而且在日本开港以后，大部分新学问在以英文为主的西方科学资料的大批进口后黯然失色。儒学的价值观和中文读写仍是教育的基础。不过，德川幕府在 19 世纪 50 年代被迫开港时，就为将来做了准备。该政权从全国各地召集一批兰学者，成立研究蛮夷学问的研究所。[1] 该所经过几次变更，成为东京大学的前身。显然，杉田倡导的运动，是日本思想史上的一个重大发展。

杉田在晚年可以回顾他在报酬和成就方面都很丰硕的事业。私人的医务执业和政府的褒扬使他的收入堪比上流

---

[1]　即"洋学所"，以后又改称为"蕃书调所"。——译注

武士；他子孙满堂、弟子盈门、功成名就，衷心喜悦。他在回忆录的结尾用了一个比喻，这个比喻对他的时代比对我们的时代更为妥帖。他说："撒一滴油到广阔的池水上，油就扩散开，盖住整个水面。就像这样，我们开始时只有三人——前野良泽、中川淳庵和我——凑到一起，计划我们的研究工作。时至今日，近五十年过去，此学已遍及海内流布四方，而且每年似乎都有新的翻译著作问世。"他继续说："这种情况就像一犬吠实，引起万犬吠虚。"他最后说："我格外高兴。此路一旦打开，千百年后的医生都能够掌握真正的医学，救人济世，每想及此，我不禁高兴得手舞足蹈。"

第二讲

求知识于世界

在杉田玄白看来，自己晚年的世界与社会一片乐观，但对他的后继者来说，杉田1817年去世后的半个世纪却充满着恐惧与失望。恐惧是因为他们日益意识到西方的逼近但又应对无方，失望是因为政府极力把有关西方的逼近和危险的消息与讨论封锁在指定范围内。德川幕府企图扩大中央对诸藩的控制，并且约束私下的探询和议论。但是，与应对经济困难及其带来的社会不稳一样，幕府在这方面的种种尝试并不成功。

这样反而提高了这一代的政治意识。18世纪，日本的各个思想传统对19世纪五六十年代的政治多变都起了作用：儒学强调义务与忠诚，国学推崇尊王思想与国家神圣，而兰学着力于证实国家危机。佩里叩关后十五年，将

军还政天皇，新政府以年幼的明治天皇的名义，颁布了
《五条誓文》。

　　本章讨论19世纪70年代，标题就是明治天皇在1868
年4月颁布的《五项誓文》中的一项。天皇要求日本破除
旧有陋习，他说，"求知识于世界，大振皇国之基业"。其
象征是在1871年至1873年被派遣周游世界的大型官方考
察团（岩仓使团）。1875年，久米邦武（丈市）完成了使
节团的报告书。一如杉田玄白，久米邦武在90岁的高龄
也撰写了回忆录（《久米博士九十年回顾录》），并在1934
年分两册出版。

　　久米邦武生于1839年，死于1931年。这个时间段横
跨第一次鸦片战争到"九一八事变"，或许象征着（日本的）
中国形象的改变，即从文化典范变成战利品。而在日本方
面，同一个时期则开创了新的历史阶段。德川政权在内外
交困中瓦解，新政府以西方路线为基础进行重建，以图保
卫国家独立，谋求国际平等。当久米去世时，日本正在东
亚营建霸业，企图借此遏制国内的变化并控制大陆的变化，
但终归徒劳。对久米自己而言，这个时期始于其接受儒家
传统教育，继而则直接接触到了西方文明：这些让他亲身
体验到科学理性与日本的新兴王道思想的矛盾。

一、德川末期

从佩里来航到岩仓使团出发的二十年间，日本政治多姿多彩。在外来压力带来的极端主义的刺激下，人们很容易对更深刻的潮流视而不见。我在写《坂本龙马与明治维新》一书时，就是把注意力放在这时期的政治事件上。不过，从长远看，在日本人的世界观转变时，社会又出现另一种更深刻的潮流。政治暴力的主要作用可能是使更多日本人把注意力集中在应如何重建他们的社会这一问题上。

鸦片战争的消息使中国优越性的观念声誉扫地。中国暴露出了军事上的虚弱，尤其震惊了主张中国楷模至上的日本保守派。我们可以举出许多迹象说明他们又狼狈、又悲哀。讨论鸦片战争的中国著作，在日本很快便得到反响，而且有广泛的读者。在那里，凡是受过教育的日本人都能够阅读这类出版物。事实上，这个时期令人注意的特色之一就是，诸如魏源等中国作家在日本的影响比在中国影响更大（早期耶稣会传教士用中文写成的西方科学相关著作也差不多）。居住在长崎的荷兰人撰写的报告，补充了中国作家的记述。中国战败的消息，在日本引起了一种危机临头之感。在几个世纪前，受过教育的日本人也知道满族

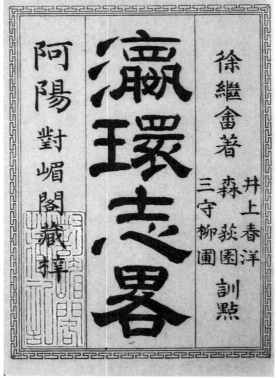

《瀛寰志略》日文版书牌　19世纪中叶，徐继畬编著此书，出版十年后，日本将本书翻刻，辅以英文和日文的解读，作为日本认识世界的重要参考文献

《佩里登陆图》 佩里的随行画家威廉·海涅（Wilhelm Heine）所绘，1853 年

《外蕃容貌图画》 田川春道撰文，仓田东岳绘图，1855 年出版。图中为法国、意大利两国。现藏早稻田大学图书馆

征服明朝，但鸦片战争的意义不同。这种新的威胁是非传统性的：它来自海上，有可能殃及日本，且有更多受过教育的人予以关注。

突然认识西学的重要性，有助于激发对其研究的兴趣。事实上，西学在传统的学问体系中已经开始得到认同。半个世纪以前，平田笃胤就已经预示了新折衷主义的到来。他在1811年写道，汉学只是数种学问之一。在他看来，这些学问中最重要的自然是日本神道，而非汉学。佛学比汉学更广博，兰学用处更大，而和学则对这些传统兼收并蓄。他的结论是，"日本人应该研究所有这些学问"，因为经正确理解后，这些学问都归于日本。

佩里来航之后，西学逐步走向制度化。它现在成为入仕之途，并受到政府的直接关注。"蕃书调所"——不久改称"洋书调所"，后又改为"开成所"——表明幕府与主要藩国着手利用西方知识。幕府的机构成为政府性的尝试，它从全国各地聘用人才。其他大藩也竞相聘用有名的"洋学者"。西学各方面的研究都得到突然增加的资助。

新的外交关系与对外问题随即产生了出国的需要。1860年，日本首次派遣使节赴美国交换《日美修好通商条约》。在19世纪60年代，派赴西方的使团不论在次数、规模及其重要性方面都迅速增加。从日本人的记录中，可以看出他们对西方的观察愈来愈精细入微。

最初到华盛顿的使团一共七十七人。美国诗人沃尔特·惠特曼在《百老汇大街上一支壮丽的行列》(A Broadway Pageant)一诗中热烈欢迎他们光临纽约，日本副使淡路守村垣范正也在他的《航海日记》[1]中写下感受。那些记述说明他只是一个单纯的游客，村垣没有真正努力去观察经济或科学技术的重要方面，接触面大部分限于官方的宴饮招待。他对美国社会的一些奇异的特色，诸如妇女在官方场合出现表示稍许厌烦。在访问参议院时，国会开会的程序使他感到惊奇。他这样写道："其中一个人站起来，高声呼喊，宛如狂人；他说完之后，接着又一人如前。我们问这是做什么，他们说国事都是这样由议员众议，所有意见全部表达后，呈递给副总统决定。"参观史密森尼博物馆 (Smithsonian Museum) 时，村垣看到干尸与鸟兽标本陈列在一起而感到惊骇，他说："夷狄之名难逃矣。"也许最有趣的是一个十分肤浅但又真实的评语。船在返国

---

[1] 即《遣美使节日记》。下文引用分别见四月四日条、四月十四日条、六月廿五日条。——编注

1860 年遣美使节团 日本开国后最早的使节团，左起依次为村垣范正、新见正兴、小栗忠顺

在华盛顿海军工厂前面的使节团 为护卫使节团，日本派去咸临丸号随行，由胜海舟驾驶，福泽谕吉亦在团中

途中停靠在安哥拉，村垣发现当地人颇似佛祖的面貌，"今见黑人的样子，知道印度和非洲都是一种土人，它们的释迦就是酋长"。他继续说，日本长久以来崇拜这些原始人实属荒谬。相对于国家声望的新结构还未建立，但旧的声望序列显然已在解体。

　　两年后，日本派遣另一个使团进行了一次更为雄心勃勃的出使活动。使团的目标是推迟开放条约新增的港口，但没有成功。不过让使团成员认识西方的附带目标则取得了成功。使团共三十八人，包括几位上次出使的学者，年龄从十七岁（最年轻的翻译）到五十六岁；福泽谕吉、箕作秋坪、福地源一郎等兰学者及西学专家成为未来启蒙运动中极其重要的鼓吹者。这个使团在工作中比上一个更努力，观察也更广泛。除了使团就个别国家做的详细调查报告外，个别团员归国后还做了私人记述。其中，福泽谕吉著名的《西洋事情》销售量达数十万本，对教育之后的日本人认识西方起了很大作用。例如，福泽对美国革命的记述使激烈的排外分子相信，日本的问题并不特别，现代的组织与国民参与可以提供解决办法。正如中冈慎太郎说："时英吉利王贪利日甚，米民益苦，故华盛顿者，诉民之疾苦……行锁国攘夷……于是米利坚脱英属而独立，号十三地同盟合众国，成一强国……"[1]

1862 年使团的报告中，首次提到西方社会的矛盾。工业城市及其贫民窟的情况、各国的国势和影响力的序次开始成为观察的焦点。法国，特别是拿破仑三世时代的新巴黎美丽动人，但嘈杂脏乱的英国却更强大。巴黎可能像京都，但伦敦就是江户。"就火车、电报、医院、学校、兵工和工厂来说，英国二十倍于法国。"有一首抒发情怀的诗[2] 把这种情况比诸蒙古——其力量强大，超越文化古国的中国。

此次及其后的几个使团返回后，日本仍未确定应该遵照的振兴路线。使节们常常不受国人欢迎，有时还有生命危险。大部分时候，使团的高层人物销声匿迹。但低层人员，包括翻译与西学专家，却成为 19 世纪 70 年代启蒙运动的领袖。一个接一个的使团被派遣出去，在 1867 年幕府垮台时，第六个使团正在海外。这时，不少藩主也已秘密派

---

[1] 见平尾道雄，《维新勤王遗文选书：坂本龙马，中冈慎太郎》，第 325—333 页。——编注

[2] 作者提到的这首诗是使团随员渊边德藏用汉语写的，题为《英国之盛大增长》，诗如下：遥去一隅来一隅，为侵万苦又多娱；车奔铁路优鹰隼，信送电机省仆奴。酋长家居雕琥珀，美人胸饰缀珊瑚；何量僻境如斯富，中华不及胡为乎。——译注

日本第二批遣欧使节团 使节团成员在途径埃及时参观了金字塔，并在狮身人面像前合影，小川一真拍摄，1863 年

遣学生出国留学。末代将军德川庆喜辞职时，幕府自己还曾委任归国学生为其起草宪法。

上述一切活动完全与这个年代多姿多彩的政治事件同等重要，这些活动也使外国对日本产生好感。例如，清朝的政治家李鸿章曾上书清政府，建议实施像他在日本看到的那些改革措施。游历海外的日本人满意地报告说，外国认为日本比中国进步。

19 世纪 60 年代的海外使节带回不少重要成果。其中之一是对作为统一国家的日本的日益关注。新的国际环境难以容许一个封建分割的日本。我们从那些使节的日记和著述中见不到德川；那里只有日本，且这个国家的前途正处在危难之中。村垣范正副使在 1860 年写的日记，以这样的句子开头："我们昔日曾派出遣唐使，但那只是隔海的邻国……此次蒙天地开辟以来最初的异域使命，若辱君命，则成为神州的耻辱。"他的第一首诗表达了他的希望：

自今日起，我国之月，
亦赢异邦人之心。

在参见布坎南总统后，他骄傲地呼唤蛮邦人举头注视

"东方我日本国之光"。当然，惠特曼对此的理解有些不同。他说：

> 容光焕发的曼哈顿
> 美国同胞们！——我们这里，终于
> 来了东方人。

同样可确定的是，在国际威望序列上，中国的地位迅速下降。这部分是因为日本人知道外国对中国的评价，而在他们造访依据条约开放的中国港口外围后则加速了这一变化。他们在上海的见闻使其深信，类似的丧权辱国绝对不能在日本发生。

日本对西方的认识也日趋练达。西方不再是毫无差别的整体，而日本逐渐可以而且实际上也必须从中挑选所需。不过，日本还没有对西方国家排列次序——这需要更多的游历、更多的观察和更多的经验。这就是明治初期使团的任务。

二、19世纪70年代的旅行者

19世纪70年代派遣使节海外学习的背景，因1868年颁布的"求知识于世界"的誓文而根本改变。但我们要记住，《五条誓文》有长远目标，也有让缔约国和日本精英安心的用意。不过，日本平民从地方告示牌上收到的指示就颇为不同。它们糅合了传统观点与新时势，包括儒家道德的隐晦提醒、禁止反叛逃亡、坚持排斥基督教和严禁攻击外国人。在这里，"破除旧来之陋习"的声音就很微弱了。

通过直接接触，日本对西方的认识增加，由此或许会把西方国家和制度分等级加以仿效。划分国威等级可能源于德川封建末期的等级制社会结构，而西方书籍对进步与发展阶段的介绍又加强了日本人衡量各国的倾向。

对于这种西方进步学说，最有影响的传播者是福泽谕吉。他三游西方，经历丰富。1872年至1880年间，他写成了著名的小册子《劝学篇》，销量近百万册，大部分识字的成年人都可能读过。福泽既获利丰厚又大受欢迎，以至于有一个时期，所有关于西方的书籍都称作"福泽本"。这本使他声名显赫的《劝学篇》呼吁主动与努力。该书开卷的名句"天不生人上之人，也不生人下之人"，表达了之前在《西洋事情》中通过翻译《美国独立宣言》而传播的18世纪思想，构成了对明治政府"四民平等"政策的响亮支持。但是，1872年的福泽迅速变化，转而承认人与

《劝学篇》、《西洋事情》初版首页　分别刊行于 1872 年、1866 年

人大有不同，不过他把这些不同归诸努力与勤奋。他认为国与国也甚为不同，"环顾世界各国，有的因为文明开化，文事武备都很昌盛，成为富强的国家；有的因为蒙昧还没有开化，文事武备都落后，成为贫弱的国家。一般地说，欧美的国家富强，亚非的国家贫弱。"几年后，福泽在《文明论概略》中提出文明发展的三个阶段：野蛮、半开化（包括中国和日本）与文明。后者不但有文化与文学，还有好奇心与科学。至于日本应如何上升到最后阶段，福泽的读者心明眼亮。

自 1871 年到 1873 年，历时二十一个月的岩仓使团让政府领导人亲身观察世界。这不是一般的游历。为首的特命全权大使岩仓具视公爵在新政府中享有最高威望。副使包括很有影响力的大久保利通、木户孝允和伊藤博文。前两者是推翻德川幕府的萨长联盟的领袖，而后者将成为日后日本近代国家体制的主要设计人。当时有人怀疑，让这些中心人物长时间离开日本是否明智，或者使团采取的预防措施是否明智，即他们与留守政府的同僚们约定，在其离开期间不采取任何未经其讨论的重要变革。为扩大使团的考察范围，政府各部门都派出代表，于是使团的书记官、专员以及其他官员接近五十名。但这些也只不过是一个更大团队的中心人物而已。长州、肥前、福冈和加贺的前藩主，万里小路正秀和清水谷公考两位公卿都带着随员参加，北海道开拓使也派出代表；五名作为学习西方女子教育先驱的少女以及几十名留学生随团前去留学。因此，整个使团的人数近百。在送行仪式上，天皇命令使团访问与日本有邦交的国家，观察他们制度的各个方面并呈交报告。他们在尚处建设中的横滨火车站举行欢送仪式；一位明治初期的画家，以西洋画的技巧全力描绘码头送别时的绚烂与肃穆场面。

使团的几名重要成员中，只有伊藤博文去过外国。在级别较低的成员中，政府故意安排几个攘夷分子参加，希望教化他们。这个目的只达成了部分：村田新八在法国多留了一年，接受军事教育，回国后正好加入西乡隆盛麾下，在西南战争中充当叛军指挥官；安场保和长期学不会阿拉伯数字，连酒店每层楼的阿拉伯数字也分不清，更不用说房间号码。他最后说服大使开恩让他回国。海外游历并非对所有人都能起作用。

然而，通过这次游历，大多数团员都赞成进行稳步而温和的改革。激进分子认识到日本与西方国家的差距后冷静了下来，保守分子也明白反对改革没有希望。这一结论

岩仓使团 左起依次为木户孝允、山口尚芳、岩仓具视、伊藤博文、大久保利通

与某些在日本得到尊重的外国顾问的建议不谋而合。英国公使巴夏礼（Harry Parkes）对急躁的措施提出警告；德国医生欧文·贝尔茨（Erwin Baelz）一直提醒他的东道主该走多远；美国前总统格兰特将军（General Grant）在环游世界中抵达日本，告诫他们权利一旦给予便不能收回。几年后，当有日本人向斯宾塞（Herbert Spencer）问及国际通婚的优点时，他根据自己有关牛配种的知识，慎重地反对异族混血。他在 1892 年说："我的建议在各方面都十分保守。我在结尾时重申开始的话——尽可能与异族保持距离。"

岩仓使团的正式报告书由佐贺藩出身的儒学者、武士久米邦武执笔。从这部五卷的报告书[1]以及 90 岁时口述的回忆录中，我们可能拼凑起某些十分清醒的印象。

如同大部分同辈人一样，久米在重新排列各国位次时以西方国家为首。那些国家及人民看来比东方国家及人民更勤快、更主动积极，取得的成就也更高。马林·梅奥（Marlene Mayo）指出，这种判断标准主要是在物质方面。

---

[1]　久米邦武写的岩仓使团报告书题名是《特命全权大使美欧回览实记》。——译注

一个社会生产的物品是该社会文明情况的良好标志。分配情况也是一个标准。一些人可能也发现人民分享的国家总财富与文明程度之间有相互关系。此外，国家制度如何调动人民的能力也可以衡量国家的高下。

使团在美国逗留了205天。这是该团首次、也是最长一次对日本以外世界的观察。在美国逗留最长的部分原因是美国行程遥远，但更重要的原因是伊藤博文和大久保利通两位副使要回国拿外交谈判所必需的全权委任状。不过，这份委任状没有真正派上用场，因为谈判次于考察。就美国对明治初期日本学习的重要性而言，这次长期逗留看起来是适宜的。

久米的报告书着意凸显了自然资源与人民意志之间的美满联结是如何成功让美国建立的。之后他赞扬人民的意志，认为他们主动、独立，而这是由来自欧洲各地人民组合而成的社会的特性。他写道，美国真的是那些具有独立自主精神的欧洲人大展宏图的地方。他们的人民明智而自愿地放弃原来松散的政治组合，组成了中央集权国家，很好地应对了高效处理外交事宜之需。正如德国新的统一一样，美国各地对组成中央集权政府的承诺提供了一种共性，构成了这两个现代化国家明显的不同，也给正在摆脱封建割据的日本提供了鲜明的教训。

美国的经验证明了联邦共和制的力量，美国人民亦以信仰坚定和精力充沛著称。不过，使节们从没有忘记创建新日本的要务，决心从政府形式中识别出其可能包含的现代化政体的核心。美国选举制度使他们怀疑，美国人民是否有能力选出以及领导人是否能准确支持那些哗众取宠之上的人才。归根结底，岩仓使团对美国感兴趣的是意志、资源与生产力的结合，这些也是吸引明治初期学生到美国的因素。

大英帝国在领土规模、历史和生产力结合方面为日本提供了更多的榜样，因此，使团在英国停留了 122 天。较之关于美国的 397 页报告，久米就英国写了 443 页。德国和法国各自的篇幅是英国的一半，而拥有广阔领土的俄国的篇幅仅及四分之一。实际上，俄国的文明程度似乎是西方国家中最低的。它的产品粗劣，贸易与工业受外国人操纵，国家财富由专制政府和贵族垄断，农民生活的穷困状态令人震惊。愈向欧洲东部走，文明程度似乎愈低。

久米及其同事尽力看清他们访问的国家的实质，关注更深远的趋势。就他们看来，东方和西方基本的不同在于西方民族的不安、浮士德精神，以及对物质世界的强烈竞争意识。他们天生欲望强烈，而东亚人则韧性较差。久米写道："论欧洲政治之要，必在'justice'与'society'。'justice'乃明确权义之谓，'society'乃社会之和睦。极而言之，二者虽可归仁义二字，然'仁义'立言于道德，'justice、society'立言于财产保护，故意味不一。"在一定意义上，这种区别是因为西方人相信人性本恶，所以就有节制竞争的必要，而东方人则相信人性本善。

无论这些区别的根源何在，但现在处于西方国家控制的国际社会明显像一个丛林，"国家之间表面友善而暗中猜忌"。某些使节确实很早便有这种想法。木户孝允在1868年就写道："万国公法只是用作凌弱的工具。"岩仓具视在翌年写信给同僚说："归根结底，海外各国都是皇国的公敌，它们都想凌驾于其他国家之上。"同样，福泽谕吉于1878年写道："一捆友好条约还不值一筐弹药。"显然，日本必须要适应这种情势，增强自身力量。

不过，使团返国后得出的结论是，目前日本独立自主的危机并不像某些人想象中的那么迫切。例如，俄国太落后，且太受国内问题困扰，不会成为威胁。日本应该先整顿内部并提高国际地位与声望，而不是应对过早的冲突。日本已经更清楚地看出它与必须效法的"西方国家"的不同，而这种不同让日本在进行现代化时可以做出选择。就当代历史而言，新近统一的德国和意大利似乎提供了类似的例子。实际上，日本很快就仔细研究了德国和奥地利的先例。但是，它不会直接或自动地采用特定的制度。当使团分成专门小组详细考察教育、政治和经济发展时，每个小组都在各自考察的国家中发现特别感兴趣的项目。

在每一个被访问的发达国家，使团成员都被该国对历史的尊重和重视打动。西方国家现在的进步，深深源于人民的历史经验。的确，久米写道："这种进步源自热爱传统的精神。"东方没有西方的博物馆，而它们是启发国民心智的手段。梅奥教授引述久米的话说："进步不是指扬弃过去和追求新颖，国家的发展是通过传统的积累；它会琢磨其中的瑰宝。"

使团也感到日本必须进行变革。日本必须解除对基督教的禁令，因为这种政策在使团去的各国都被责难。这些日本人至少在美国和欧洲的基督教国家看见它培养的市民美德，从而对其产生敬仰。虽然对新教接受超自然主义这一点表示惊讶，但即便不钦佩它的内容，久米也了解到它在美国人生活中所起的作用。对基督教教义的官方尊重、遍设于各村落的教堂、周日去教堂礼拜以及对圣经的普遍了解，这一切在久米看来都是与儒学和佛教在东亚大势已去局面的鲜明对比。另一方面，当使团到访天主教国家和东正教国家时，也惊讶于制度化的基督教所拥有的权力和财富。俄国的国家教堂尤其使久米吃惊。梅奥教授引述久米对日本佛寺与欧洲大教堂的对比："把本愿寺与欧洲的大教堂作比较，就好像把茅舍与华厦作比较一样。我对西方教会挥霍人民财富建筑教堂的程度感到诧异。"至于俄国，久米这样说："国家愈落后，宗教迷信的影响力愈强，人民也愈崇拜偶像和动物。"他进一步认为，虽然各地的上层阶级都标榜崇敬宗教，但实际上是利用它增强人民对权威的服从。显然，使团撤销对基督教禁令的结论并非因为儒家理性主义的削弱。基督教给使团大多数成员留下深刻印象，也留下困惑。佐佐木高行认为如果不仰仗宗教，社会习俗显然无法改革，但木户孝允却不清楚为何欧洲人和美国人对宗教那么热心。

使团获得的另一个信念是，日本应该就代议制度做些准备，以便产生更好的共识来指导政府工作。这项制度似乎与欧洲国家的进步程度紧密相关。木户归国时就这一问题所写的报告书十分有名。根据波兰的经验，他认为缺乏民众参政会严重影响独立自主。日本还没有准备建立代议

东本愿寺大殿与圣伯多禄大教堂 前者位于日本京都，是净土真宗的寺庙，后者位于梵蒂冈，是天主教的宗座圣殿

制政府，但应该考虑以 1868 年的《五条誓文》作为将来宪法的基础。有意思的是，木户虽参与起草《五条誓文》，但直到这次出使途中才完全认识它的意义。久米说，在使团停留华盛顿期间，他着手翻阅美国宪法（其中的一些名词，如 habeas corpus［人身保护权］和 justice［公正］等极难翻译）。其间木户不时来找他，谈论对日本未来的推测。有一天久米说，日本现在所经历的政治变革过程，应该正式写入国家宪章，尤其是以天皇的神圣誓约为鉴。木户竖起耳朵，并问道："什么是天皇的神圣誓约？"久米回答说："《五条誓文》。"木户鼓掌说："当然！就是它。你现在有没有副本？"翌日，木户又来找久米说："昨晚我反复熟读《五条誓文》，它实在是无与伦比的文件。我们永远不能让它的精神改变。我在有生之年一定拥护它。"于是，海外游历替这份文件增加了新意义，而且有助于指导未来的决策。

当使团的最高层领导人返回东京的工作岗位时，一些年轻成员留在西方继续学习。在 20 世纪初叶出任首相的桂太郎将军和西园寺公望公爵，都曾在 19 世纪 70 年代到欧洲接受长期熏陶。他们只是明治维新后大批日本留学生中出类拔萃者。1868 年至 1902 年间，日本签发的留学护照达到 11 248 份，这是近代史上第一次大规模的留学潮。
（第二次留学潮应该是 20 世纪初叶中国学生赴日本留学。）
因为距离、费用和挑战性的原因，美国吸引了半数以上的
日本留学生，美国传教士和教师的鼓励与支持无疑也起了
很大的作用。但同一个政府数据显示，在岩仓使团归国后
十年内，所有官费留学生都到了德国，因为政府认为，中
欧在科学、政府、法律和军事组织等方面的模式更适合日
本。虽然到美国的留学生愈来愈多，但他们回国后多数在
社会上扮演更谦逊的角色。1871 年的岩仓使团的职责之一，
就是调查日本留学生准备在将来如何报效祖国。留学经费
曾经在短时期内占去文部省预算的 21%，不过很快就被更
慎重的计划人员大幅削减。日本国内的学校水平借由高薪
聘请外籍教师而得到提高。到 19 世纪 90 年代，这些外籍
教师差不多全部被他们的学生取代。此时，日本的教育制
度已经确立，政府支持的留学政策也有所变化。以前是尽
快培养日本在一些知识领域内缺乏的人才，现在一般都愿
意让成熟学者出国，让他们在日本机构中获得的西方知识
得以巩固增强。此时，岩仓使团成员的成就得到了承认。
例如，1871 年被派遣出国的女留学生津田梅子归国后，创
办了日本第一所女子大学。副使之一的伊藤博文，成为了

明治宪法的设计师、外交家、首相和枢密院议长，并获得日本最高的爵位。他在 1863 年首次秘密访问英国时获英国授予巴斯骑士（Knight of the Bath）名衔，而耶鲁大学也授予他荣誉博士名衔。

使团对西方赞赏的背后，是对东方的悲观失望。亚历山大港、苏伊士运河、香港、广州和上海是使团返国途中的次要访问地，相关记录只是看上去不公、怠惰和腐败的社会悲惨状态的粗浅反映。福泽谕吉在《劝学篇》一书中早就严厉批评中国人所抱持的对外国的顽固冷漠态度。久米在《美欧回览实记》中也几乎没有展现对亚洲人的亲切感。在经过这些港口城市时，他对比整洁的外国租界和贫困的当地街区。久米尤其瞧不起鸦片在中国泛滥成灾。这些直接见闻，使日本知识分子长久以来对中国文明与风雅的尊敬丧失殆尽。在普通日本人当中，这种敬意也许还能多残存一阵。不过，毫无疑问，在中日甲午战争和日俄战争时，成千上万应征入伍的日本军人的亲身体验和印象扩散开来，并固定成为一种对他们所蹂躏的国土上的国民的傲慢，甚至是蔑视。

从久米在 19 世纪 70 年代对中国的负面观感，到十年之后福泽提出日本应该"脱亚"的著名告诫，我们大概可以在这个清晰的过程中了解 20 世纪日本的情绪。福泽在1885 年说："虽然中国和朝鲜都是日本的邻国，但也不必给予特别同情，我们正应该模仿西方国家对待他们的态度处理。近墨者黑，我从心底里要谢绝东亚的恶友。"国家威望秩序至此已明确重构。大约同一时间，伊藤在 1884年制定日本新爵位的称谓时遇到同样的难题。他写信给下属官员说："我很烦恼。看起来很难避免采用中国制度。假如您有其他主意，请告诉我。"

　　总之，使团及其同时代的人逐渐清楚地认识到西方国家的差别。他们避免盲目追随任何一个国家，而且看清并记下每一个国家的短处。整体来说，西方远比东亚的传统模式先进，但选择和模仿的最终标准则是日本心目中的国家利益。民族主义令使节与同时代的人服膺《五条誓文》的指示，具体来说就是要在世界之中寻求新知识，"大振皇国之基业"。

　　历史学家必须提防对研究主题的热情歪曲了该主题的重要性。岩仓使团只是那个时代变革运动的象征，而不是源流。当该使团在国外时，东京的留守政府已努力推进许多改革。前往西方国家，尤其是美国和英国的留学热潮在使团启程之前已经开始，之后也持续不断。使团最直接的贡献也许是让成员获得新认知：必须慎重处理外交问题。
但假如不是因为使节们能够在长期离开东京后依旧保持原
有的政府职位，则这一点贡献也微不足道了。在某种意义
上，这也许是岩仓使团最值得称道的成就。今天有多少发
展中国家的领导人物胆敢冒险离开权位一年半以上？这反
映出了日本人的自信，无论是对他们社会的基本安定和稳
固，还是对他们安排和推进制度改革步伐的能力。

三、新日本主义

岩仓使团归国后，使节们便把收集到的新知识付诸实
践。使团对西方国家实力的结论，变成了反对在朝鲜军事
冒险的决定，进而导致领导层分裂——大致上是去过外国
的领导人和未去过外国的领导人——并导致了武士叛乱。
主张立即成立宪法政府的人大多没有海外经验，他们从根
本上反对渐进政策，从而使政府领导人更喜欢的自上而下
的渐进式改革进程出现混乱。政府通常有自己的方针，但
它为了修改强加给日本的不平等条约去讨好列强，采取西
化路线，从而成为了国内批评的目标。一些批评者认为，
这似乎是抛弃了岩仓报告书中要求谨慎选择的主张。

　　19 世纪 80 年代的欧化运动是日本崇尚西方制度与方法的高潮。大批日本学生出国。他们发现日本在先进国家的国际体系中地位低下，在日记与回忆录中流露出不安与难过。留学生在国外遇见的日本外交官员和长期居留的日侨也往往使他们猛然认识到这一情况。森鸥外的《独逸日记》开头便记述他拜访青木周三公使时听到的一段发人深省的对话："公使说修卫生学很好。但是如果想回去立刻实施，可能会很难。对于脚趾夹着木履带行走的日本人来说，卫生论是不需要的东西。"1887 年，井上馨外相直言不讳地说："让我们把帝国变成一个欧洲式帝国，让我们把人民变成欧洲式人民，让我们在东海建立一个欧洲式帝国。"1886 年从欧洲回国的陆奥宗光认为一切事物都需要改变，从无形的教育、道德以至日常生活中的具体事物，比如衣服、食物、住宅。他们对日本文化落后的承认更甚于 19 世纪 70 年代的使节，但日本很快就掀起了重新肯定日本文化自我意识的反潮流运动。

　　新日本主义摆脱了中国形象，但也默默采用了许多中国的传统价值。1890 年发布的《教育敕语》作为官方宣言，在某种程度上与清朝康熙和雍正的诏书相仿。这份有力的文件被设计为公共教育中的道德核心和礼仪重点。它以儒家的忠孝观念作为日本"国体之精华"和"教育之渊源"。传统道德与"广公益""开世务"的目的相结合，互相促进，以"扶翼天壤无穷之皇运"。这份文件恰当地指出，那些原则并不新奇，而是"皇祖皇宗之遗训"。于是，求新知识的历程整整转了一圈后，又回到了起点。

新日本主义的思想理论由一群从事新闻工作的思想家创立。一位优秀青年作家代笔，以黑格尔的历史观，从地理学和美学方面解释日本的传统价值。这位青年作家就是三宅雪岭的追随者内藤湖南，日后日本第一流的汉学家。内藤湖南利用我们前面提到的一切传统学说——中国哲学、日本忠君思想以及西方科学——论述文明从发源地转移到新的中心地。正如近东文明在西欧达到顶峰，自中国发源的东亚文明在近邻日本开花结果。然而，欧洲已在衰微，欧洲人亦开始感到物质主义的空虚，这正是日本不可多得的时机。"日本的任务不是把西方文化引进中国，也不是保护中国的古董并把它卖给西方。日本的任务是振兴具有独特趣味的日本文化，并使其光照四海。日本位于东洋，而中国是东洋的最大邻邦，所以日本必须在中国开始这项工作。"从内藤在 19 世纪 90 年代道出的这番话中，我们可看到全新的日本世界观和使命感正在萌芽。

　　然而，岩仓使团的书记官久米邦武又如何呢？他得享高寿，在口述回忆录时已经九十岁，但他的事业充满讽刺，显示了时代的转变。久米在 1873 年回国后，花了数年工夫写下了五卷本的《特命全权大使美欧回览实记》，并于 1878 年最终出版。天皇赏赐他五百日元以示嘉奖，而久米颇有眼光地把它投资到东京地产。他的书随即被誉为当时最优秀的游记。当然，它不止于此。久米对西方社会和现象的敏锐的重点评价，反映了当时日本人对西欧的观感。1878 年，久米进入修史馆(东京大学史料编纂所前身)工作，并在 1888 年成为东京帝国大学日本史教授。这时，他的儒家理性主义和西方偶像破坏主义，使其以学者性的批判态度对待日本早期史籍的真实性问题。1891 年，他发表文章冷淡地评价神道教只是个过时的仪式。[1] 于是，他很快就发现自己与新日本主义产生了分歧。这位 19 世纪 70 年代的史学家成为 19 世纪 90 年代新正统学派的最早牺牲者之一，被迫从帝国大学提早退休。此后，久米到早稻田大学任教，继续撰写日本古代史。不过，他对早年的激进主

---

[1]　这篇文章是《神道：祭天的古俗》，实际上是对日本古代史论的批评。——
　　译注

义行为感到后悔。

在上一讲，我以杉田玄白的时代发生了令他本人都震惊的变化作结。在他看来，自己翻译医书所激起的涟漪已经发展为一股浪潮。1930年的久米也相信，自己一生目睹了空前的变化。确实，他对世界现代史的特殊评论也十分有趣："我生活在古今最有趣的时代，而且有幸能够从最好的位置观察它。当我们在1872年出国时，欧洲文明正值全盛时期，英国的自身形象无与伦比。但在我们有生之年，在短短的五六十年光景里，英国已经开始衰落。"久米觉得衰落的根源是西方的物质主义。他希望日本的情况会好一点，还认为自己能够刚好生活在这段他认为的有趣时代是最幸运的事。他追述道："我的第一个三十年目睹了自古相传的封建割据的崩溃，那时我们的眼界局限在小郡邑之中，把区区所见当作宇宙。我的第二个三十年看见了日本统一，并且置身于列强之林。在最后的三十年，我见到日本作为列强之一，维护着世界和平。"1931年，久米逝世。

在20世纪中寻求世界地位

　　晚年的久米乐观地认为，日本要担任维护世界和平的角色，但在1931年他逝世后数月，日本就霸占了中国东三省，开启了穷兵黩武的暴力时期，直到1945年投降。他与杉田玄白一样，都期望日本会继续进步，但事实证明两人都错了。自我怀疑、社会不安以及对国际危机的觉察，使一整代积极分子投身政治活动，把国家拉入了战争之中。久米死后的变化比他活着时所体验到的更加天翻地覆。

　　到了20世纪，日本从以少数领导群体密切联合为代表的明治时代的一体性，过渡到由职业官僚与特殊利益集团掌权的政治格局。表面看来，在他们的领导下，日本的观点与制度都有条不紊地趋向开明。然而，他们本质上更强调保守，而不是创新。早在日俄战争之后，政府各部门及其政策都显示出对社会变革和可能出现的激进主义的担忧。在第一次大战后的十年间，社会主义与共产主义愈益接近，经济在战时繁荣后陷入萧条，而政府尝试通过确立正统和统制思想来应对。

天皇制曾作为原动力，统一了封建分裂下的日本，并使之现代化；但在这个过程中，它却成为阻止日本进一步改革的堡垒、行为规范的象征、解释国体和正统的准绳。在天皇制的形成时期，接受过皇权教化的一代人予以支持。明治天皇通过发表训诫和出巡全国来团结民众，相比而言，现在天皇高不可攀，更加神圣，更加抽象。自然，天皇制可以应用到各种方面，因为它是一切论点的本质部分。议会政治的一流理论家吉野作造因提出民意与天皇意志一致的论点而先声夺人；激进法西斯分子北一辉提出需要"国民的天皇"的论调，认为天皇应该放弃财富以免政府把他和财阀政治联结在一起，而爱国志士组成的议会将支持他；军部的激进分子则倡议"昭和"维新，通过抛弃西方和现代国家的资本主义陷阱来完成明治大业；执政的保守派最有权力利用天皇制的裁决和支持，并成功抵制了其介入政治进程后所带来的限制或扩张。

吉野作造理想中的议会政治进展看起来常与现实中的

特殊利益政治集团抵触。北一辉的著作被反感的审查员禁止，但这些著作的手抄本在军事机构内流传。军队既然是社会的一部分，自然就会利用社会中的分歧，警告日本出现的内忧外患。在性急的年轻人心中，内在危机与外部机会的认识产生共鸣，使他们激烈且政治化。结果，年轻军官以完成明治维新的年轻武士的继承人自居，成为政治动荡的原动力。他们更保守的上级军官则从中渔利，借不稳定之机巩固自己的地位，并最后稳操决定日本政策的大权。

在这个过程中，日本社会与日本人对外部世界的看法都日益复杂。在前两讲中，我们谈到了整个时代的人的体验，这种说法虽不一定高明，但仍可说通。不过对20世纪的日本，我们难以用这种概括性的话总结。日本社会内部的利益集团分化加深，即使在像商界和军界这种普遍集团，特殊的利益和竞争的焦点也会产生各自遵循的、完全不同的政见。明治时代并非没有政策优先顺序的问题，但日本人对外部世界的认识分歧，在某种程度上因明确的世界秩序而得以控制。然而，随着该秩序在第一次世界大战的战火中瓦解，诸多认知出现，而日本的新地位又使这些认识变得前所未有的重要。

这时期有两个特别重要的发展。第一个是中日民族主义在一战后的相互影响，它破坏了海洋两岸的政治稳定局面；另一个是欧洲极权主义国家的兴起，它使部分日本精英分子修改了他们的国际威望与实力的排位。20世纪20年代，日本放弃了跟英国的长期联盟，加入"华盛顿体系"。20世纪30年代，它又逐渐放弃这个体系而与德、意结盟。与它的新盟友一样，日本发动战争以寻求地区霸权，结果尝到了战败与重建国家的滋味。

随着这些政治和外交方向的转变，个人和国家对文化价值的优先取舍也发生了重要变化，但这种变化尚未得到充分研究。从某种意义上说，当杉田玄白把西学的实用性、精确性与汉学比较时，他所面临的疑问已臻成熟。此后，日本的国学者便标举一种纯化的民族本质，以证明为捍卫民族传统而从中国转向西方的合理性。久米邦武那一代人体验了西方影响的浪潮后，目睹了官方意识形态的创立。它以儒学、国学混合而成的规范价值为中心，旨在保护日本文化免遭外来物质主义与个人主义的破坏。在20世纪，这一切导致了日本内部植根于对立之中的深刻矛盾尝试：他们要维护本土文化的优越性，要通过进口文化来加强本身的传统文化，最终要通过帝国主义手段来打倒帝国主义。对于日本神圣国体的神话，是拒绝还是加强？当面对这一

不愉快的选择时，许多知识分子和学者逃避到与政治无关
的个人的纯学术天地。对其他人士来说，第二次世界大战
似乎提供了解决长期困扰他们的矛盾的机会。但他们仅仅
打出一个依依不舍的口号，呼吁国人"克服现代性"，即
非日本的物质主义，从而又加深了自己的困惑，反而被这
种现代性所克制。不过，这一主张的回音仍然存在，20世
纪70年代日本工业文明中的不和谐音复杂起来。

　　这些论点需要多几倍篇幅才能阐释明白。我只考察第
一次世界大战到第二次世界大战结束期间的一些情况，以
期了解它对我们这个时代的日本的世界观产生何种影响。
我先来论述两次大战期间的情况。

一、两次大战之间

　　20世纪起初的三十多年间，主要的分裂出现在明治时
的一代人和批评他们对世界的认识已过时的人士之间。明
治时代的人们目睹祖国在英国舰队的阴影下成长为大国，
他们无疑会相信，要最有效地保证日本的将来，首要方针
是与主要海洋国家保持友好关系。我们能在已故首相吉田
茂的回忆录中看到最令人信服的观点。吉田是执拗的亲英

派，在第二次世界大战后以恢复日本与英美的密切合作为己任。在他看来，日本只要明确坚持这一路线便会繁荣，反之则会遇到灾难。但即便是他，也承认当 1912 年明治时代结束后，维持这条路线遇到了问题。其中一个是某些日本人认为，清朝覆灭给日本带来了新机会，但日英同盟限制了他们的选择。更广泛的一点是，第一次世界大战后，奥斯曼、沙俄和德意志三个帝国瓦解，日本很难继续维持以它们的存在为前提的政策。当现状已经消亡，人们又怎么信守现状呢？

另一个问题是入江昭教授所说的，美国竞争性扩张主义的发展。日美之间日益增加的不信任，使英国对于和日本联盟感到忧虑，特别是在 1915 年日本提出"二十一条"之后。面对不心甘情愿的盟友，日本又怎能对同盟有信心呢？在 1922 年的华盛顿会议，尤其是在 1930 年的伦敦会议上，似乎有清楚的证据证明，英美正联手对付日本。在许多日本人看来，种族与文化似乎才是最后的决定因素。凡尔赛会议上对种族平等的争论和美国在 1924 年通过的移民法，都说明日本受到了排挤。甚至明治时代的元老也对 20 世纪初的种族政策愈来愈警觉。日俄战争时，日本竭力避免给自己戴上代表亚洲的形象。而且在此之前，日本努力避开"亚洲"一词带来的污名（例如福泽谕吉著名的文章《脱亚论》）也是出自同一道理。但如果这些努力失败，如果与西方合作的希望需要日本服从一些它无法达到的其他先决条件，那么强大的日本就要仔细重新考虑它的位置，努力争取地区霸权。

至少这是军部要员的观点。早在第一次世界大战时，日本军方就有朝此方向迈进的行动。若干明治时期的陆军将领曾严肃地考虑与德国建立更强的联系，放弃日英同盟，在亚洲大陆建立更强大的地位。日本隔岸观火的一战经验也使许多军部领导相信，在国际竞争的新回合中，日本面对新的需要，而胜利属于经济统一且有规划的国家。假如世界资源将被西方帝国主义国家控制，日本不能分到一杯羹，那么日本就应该有自己的打算和行动。陆军中将石原莞尔对这种看法有详细的阐述。石原是个出色但又古怪的战略理论家，在东京陆军大学任教时提出了"最终战争论"。他预言技术进步将导致争夺地区霸权以至最后争夺世界霸权的斗争。技术的运用需要国家中央以超过战时德国的规模进行统筹。在最后阶段，以绕地球飞行一周而无需加油的飞机为代表的空军力量，将带来胜利与世界统一。最后的斗争则会在作为西方文明之首的美国和领导亚洲的日本之间进行。为此，日本要做好准备，发展国家的工业管理，建立军事独裁，成立一个大党。日本应该从巩固对东北亚的人力和自然资源的控制开始。第一步是占领中国东北地区，接着吞并华北和东西伯利亚，接下来就可以建设在与美国最后摊牌时所必需的工业帝国。

1931年，石原任关东军作战参谋，协助发动"九一八事变"，从而实现了该理论的第一步。但此后所有事情都事与愿违。他不赞成愚蠢地扶植新的傀儡政权，认为日本无视中国的民族主义将会断送在心理战和政治战上获胜的机会。1937年，石原在参谋本部担任要职，竭力防止"卢沟桥事变"扩大为全面战争。他深知日本的计划和巩固力量还处于很原始的阶段，不足以冒更大规模的战争风险。此后，他和东条英机大将争吵，以令人震惊的叛逆行动指摘东条英机，结果提早退役。大概是因为提前从领导岗位下来，石原逃过作为主要战犯而受审的命运。大战之后，石原尝试推行农村自治体运动，希望为新日本指明未来的"亚洲"角色。这个日本要按照自己的构想重建，而不是杜鲁门或斯大林的。直到最后，石原还是一个要求日本保持独特个性的发言人。

当然，在吉田茂的亲英态度与石原莞尔鲜活的"世界最终决战"立场之间存有许多中间理论，两人的意见代表了争论的两极。军方内部的观点在政策轻重缓急和可行性上出现严重分歧。明治时代以后，军队便没有经历对敌作战的磨炼，因此，源自个人和地区对立的派阀主义不可避免，并因代际隔阂而更加恶化。一批青年军官组成了极端激进派，对自己服役的军事机构抱持一种几乎是无政府主义式的蔑视。他们相信自己的热情，相信投身将加速日本政体发生基本改变的暴力行动至关重要。更小群的高级军官称赞这种激烈情绪，调和其极端性，并且利用它达到自己在司令部的目的。抱有创新精神的改革派则瞧不上这一切夸张言行，强调在装备与组织方面进行军事现代化建设的重要性。在激进分子看来，这类现代化依赖物质手段，在精神方面则向西方屈服。他们的当务之急是同一切唯物主义斗争，尤其要反对复兴的苏联唯物主义，并为此鼓吹"皇军"精神。于是，军队因狂热引起的倾轧、拒绝服从而四分五裂。在天皇的坚持下，最高司令部镇压了 1936 年东京的叛乱 [1]，苏联武装力量显然也抑制了日本在 1938

---

[1]　指日本陆军中的皇道派于 1936 年 2 月 26 日发动的兵变事件。日本称为"二二六事件"。——译注

時事新報
外號
昭和十一年二月二十六日（木曜日）

青年将校團蹶起し
重臣、大官を襲撃す
岡田首相、齋藤内府等即死
高橋藏相、鈴木侍從長重傷

二月二十六日午後八時十五分陸軍省發表
一部青年将校等は左記箇所を襲撃せり
岡田首相即死
首相官邸
本日午前五時頃

"二二六事件" 1936 年 2 月 26 日日本陆军少壮派军官发动政变，占领政府机关，并刺杀多位军方高层与政要。政变在三天后以失败告终。本图是事变发生后《时事新报》的号外。由于情况不明，媒体均以为冈田首相已遇刺身亡

诺门罕战役中被俘的日本士兵 1939 年日本和苏联、"蒙古人民共和国"军队在诺门坎地区发生武装冲突，日军战败，于 9 月 16 日在莫斯科签署停战协议

年、1939 年在中国东北地区和西伯利亚边境的冒险主义行动[1]，两者同时阻止了这场狂暴的混乱分裂成一阵灼热的碎片。

20 世纪 30 年代的事件带来了各种情况的混杂：对内恐怖行动和镇压、对外侵略、国外批评之声日益高涨、面对镇压与批评而出现的巩固内部团结的倾向。日本人对中国的抵抗和愤慨情绪，往往报以偏执狂患者才会做出的种种反应。他们对共产主义在神州大陆的发展感到真实恐惧，在大萧条及经济民族主义的压力下，对国际合作的可能性也日益丧失信心。

试图系统化理清那时日本的世界观是一件艰难的工作。甚嚣尘上的日本优越论使人很难公开反驳，压抑了许多怀疑者的声音。毫无疑问，鉴于英美的国际声誉与贸易平衡，政治上的稳健派和大部分财经人士继续关注两国的情况。但即使是他们当中最热衷的人，也被英美的反日情绪和政策的证据阻碍。日本学者新渡户稻造是一位在美国受教育的科学家和教育家，也是一生致力于促进日美彼此

---

[1]　指日本陆军中的北进派在 1939 年跟苏联在中国东北边境的大规模军事冲突，即张鼓峰事件和诺门罕战役。——译注

了解、立志成为"太平洋上的桥梁"的公谊会教徒（Quaker）。
但1924年，美国排日的移民法案使其大为愤怒，他发誓
在该法令废除前再不踏足美国。1931年，他冷静下来后打
破了誓言，踏上最后之旅，试图让美国人民相信日本政治
基本健全。但他身体的健全却先崩溃，未完成使命就逝世
了。这种奋不顾身而又归于失败的行动，多少象征着日本
社会内部以及日本在国际上沟通的失败。不论对日本军部
的顽固有何看法，极少有日本人会怀疑他们国家在中国东
北的特殊地位和权益，或者看出那与美国在拉丁美洲扮演
的特殊角色有很大不同。

　　也有人支持中央计划统筹。他们从欧洲法西斯国家的
崛起中看到在国际事务中新的甚至是决定性趋势的证据。
他们指出，欧洲国家的领导人，特别是在组织结构和指导
思想方面都为明治政府提供过重要参考的德国领导人，都
发现有必要摒弃民主制度中的个人主义与物质主义。由于
资本主义及代议制政治效果不佳，而且加剧了社会分裂，
所以日本也应该改革国家体制。日本已经有现成法律支持
的家族制度，族长有权管理整个家族成员。这个微观的金
字塔可以扩展成以神圣天皇为最高点的国家等级制度。这
形成了一种不受个人意见和个人意志影响的纯化结构，国

民完美地团结在为国家效命和献身方面。因此，从遥远的欧洲传来的强调种族与国家的理论，就增强了日本优先维护优越的"家天下"政体的决定。西方民主国家的弱点与分裂，以及亚洲殖民地的不满，使日本同时获得了教训和机会。知识分子努力为日本的使命找寻意义，将其看作亚洲反对帝国主义的斗争，而思想家和评论家则谨慎地赞许这种新的方向转换是"克服现代性"的斗争。

于是，日本在明治时期形成的关于各国顺位的一致意见因诸多原因而瓦解，内部的稳定也随之动摇。陆海军领导、财经界以及其他群体对世界的看法非常不同，其中差别最大的莫过于对中国的看法——那时它正向着以蒋介石为首的、新国家军事领导下的中国奋进。日本对现代中国的评论往往忽视其问题与成就，而集中于其虚弱与缺点。"亚洲领袖"意指日本为领袖，因为他们几乎不期望比自己更大的邻国。在那些日本人眼中，中国的动乱也包含了共产主义传播的"危险"。事实上，国民党的统治延伸到东三省埋下了"九一八事变"的火种。在明治时代，年轻的日本对古老的中国抱有怀疑，但在两次世界大战之间，政治领导和政治思想还很年轻的中国却让年长的日本惊慌。

吉田在逝世前不久回顾这种情景，把他所处时代的动乱与明治时期的相对一致做了对比。明治时期，日本对国际社会的结构和自己加入的条件都有基本一致的看法。他这样写道："在（明治时期的）那些事件中，最使我感动的是日本政府与人民在那个时代普遍同心协力地一起行动。相比之下，此后日本人在对英美的态度上的冲突，使我们的政治与政策受损。"吉田继续用20世纪50年代对比，那时他领导建立日美同盟。如他所说："日英同盟受到政府与人民一致欢迎，没有人认为这份协约代表日本屈从英国帝国主义，或者日本面临成为美化了的英国殖民地的危险。"1960年，在吉田写下这些话时，他的同胞对于和美国结盟是否明智产生了深刻分歧。但我认为，20世纪70年代的事件证明了这位老人对其祖国有能力协调独立与结盟的判断。

二、战争的决定

从上述情况看，人们将会理解使现代日本失控地冲入战争、战败及遭到重大破坏的决定。较之国际秩序的根本重整，那更是因为日本未能成功地找到途径去实现令自己满意的国际威望。矛盾与混乱导致了一系列仅根据策略而不是战略的决策。忽略所有颂扬果敢的华丽辞藻，只要研究一下产生战争决策的会议记录，就明显会知道他们做的是短期计划，在那里一厢情愿地设想旗开得胜后的状况。中国肯定将再次妥协，或者，也会在政府被大规模打击摧毁后投降；美国的当务之急必定在欧洲，因此在日本建成固若金汤的防线、将太平洋掌握于手中之前，他们肯定不会有所行动；德国在欧洲的胜利在望，似乎要求日本在努力之余还要紧急行动，以免彻底丧失在东南亚获得利益的机会；俄国人可能在最后出面斡旋，就像美国在1905年提供的帮助一样。

整个过程仍然缺乏足够的解释，但现有的资料让我们确信决策者会议中的犹豫、迟疑，以及偶尔的不负责。现代日本此前遭遇的危机都走向最好的结局，这鼓舞了他们。对他们来说，那些决定似乎都是暂时性的，但它导致了第二个，然后导致了第三个，一直到最后似乎难以避免地全面陷入战争。

失败是从中国开始，我们也可以说，失败是由于日本不能构想出能应对近代中国民族主义的一贯性世界观，反而很快将其顽固地认为是反日表现。立场繁多的日本人不得不接受日本有必要在中国大陆享有特殊地位。如果不去获取其他列强控制的资源，日本如何成为强国呢？中日两国民族主义的互相刺激逐渐变成了不可逆转的震荡，并导致二者正面冲突，即便双方都有人试图阻止这种情况发生。阅读原日本同盟通讯社上海分社社长松本重治的回忆录《上海时代》更让我相信这种看法。很多人都知道松本现在是位于东京的国际文化会馆的理事长，在书中，他叙述了一系列撮合日中官员进行谈判时所做的绝望努力。他和其他人在此肩负起可敬的角色，但这些努力注定与日本和南京汪精卫的短命傀儡政府建立的关系一样，成为泡影。日本的政策不但没有摧毁蒋介石，反而使他一时成为民族英雄。他们仅仅使自家政府在1937年开始的漫长而困苦战争中瘫痪而已。

　　日本在中国的失败导致了日美冲突，美国努力遏制日本的行动反而使日本人发动攻击。赌博中的投机和不确定情绪弥漫在决定开战的会议记录中。日本现在的努力也许不能奏效，但尝试的机会不会再来，如若放弃则是永远的二等国家地位。正如海军大将永野修身所说："政府判断，如不开战必将亡国。即使开战也可能亡国。然而，一个国家在这种困境下如不战斗则会丧失其精神，就已经走向末日了。"他所谓的"困境"，部分是指日益减少的石油供应。

御前会议 广义上，天皇参加的诸多会议均可被称为"御前会议"，但一般把战争开始或结束时，天皇、元老、阁僚及军队高官集体出席的会议称为"御前会议"。本次为1938年，由裕仁天皇主持，决定对中方针

日本偷袭珍珠港 亚利桑那号战列舰被日军击沉，1941年

日本必须在还有军用燃料时攫取更多石油补给。海军大将的这番话肯定不会出自那些对新世界秩序构想有信心的人。反之，正如他所说，不开战比开战的代价更大。顺便说句讽刺话，那时看起来足够供应初期军事行动的燃料储备，按现在和平使用的水平来看，只够日本用几天。

不过，还有其他氛围笼罩那时的决策会议，并促使与会者采取孤注一掷的行动。在那个时期，日本铺天盖地的纵论世界大事的文章中，"时势""大势"等词语日益增加。这也愈来愈多地暗示，除了少数狂热分子打算对"时势"有所作为外，日本的领导者就像日本小说中的人物，总要面对着基本不能控制的源源不断的事件。唯有时机能决定什么是可能的；聪明人接受这种事实，而不尝试去改正它。在"九一八事变"发生时，明治时代仅存的元老西园寺公望公爵对这种情况发表了雄辩的言论：

> 政府只是被军部牵着走，这种形势实在是不幸。但说什么"多可怕呀！""我还能做些什么呢！"这些都没有用。这可能是过渡时期的现象。一个人只要感觉到这的确是一个要勉力而为的时代，也许就会发觉这是一个饶有趣味的时代。但是对政治家来说，整天

在说"这是一场危机！"或"我已经无能为力！"则表示他并不真正了解情况……

我以为这不只是要求冷静的规劝，还包含要顺应时势、提醒人们还有一些事情是人力所不能及的意味。

一些日本学者以为，这种心理状况与日本人喜欢用"是"（なる）多于用"做"（つくる）或"去做"（する）[1]有关。他们指出，这种习惯的结果是事物似乎不必依靠人力而自生而成。一位日本学者以他在东京的大学学院为例说明。假如会议记录以他动词写成，同事们便会愤怒地反对。记录不能写成"こうしました"（我们做了这些）而应该是看上去自然形成的，如"こうなりました"（事情以这种方式发生）。决策的过程可能含含糊糊，但结论却不能改变。既然没有人去做，它也就很难被撤销。

这些社会语言学上的纷错很有趣，但它们也遍布使不够警觉的人上当的陷阱。大多数大学院系的会议记录都充满被动词，包括我所在的。日本近代史上，对事情的紧张、

---

[1]　此处应指丸山真男的《"是"与"做"》，见丸山真男《日本的思想》。日语"なる"为自动词，"つくる"和"する"为他动词。——译注

冲动甚至是过激反应的例子屡见不鲜，足以使人警惕。不过，仍有一些事件可以用来说明似乎弥漫在1941年决策会议上的奇怪的被动气氛。大多数人接受"时势"为定论，少数预感到灾祸的人在试图调整"时势"，或至少调整同僚们对"时势"的看法，而不是反对他们制订的反应计划。

三、日本复兴

日本在1945年投降，带来了一个完全不同的"时势"或"大势"。日本最初卑屈，之后也仅仅是逐渐能够自主。我们无须明断或远见也可知道美国支配日本国事的事实。许多日期可能看作主权正式且实际上收回的暗示：1952年，日本同多国签订《旧金山和平条约》；1954年至1955年，日本经济首次超过战前；1958年，日本制订第一个防卫计划；20世纪60年代，经济高速增长；至1972年，首相佐藤荣作欢呼冲绳岛归还日本意味着战后时期的结束。但把这整段时期看作日本是在随波逐流和接受无可避免的现实则是错误的。因为毫无疑问，吉田茂和同僚都深信日本应该与西方贸易国家联结起来。日本领导者显然做出了清醒的决断，他们保留最少的军备并依赖日美同盟；他们巧妙地避开了约翰·福斯特·杜勒斯（John Foster Dulles）等人对日本应迅速做出更多贡献并重整军备的催促。他们做出决定的步骤往往难以找到文件证明。直到目前，这一时期的政府文件公开后，决策情况才真相大白。1974年，佐藤荣作获得诺贝尔和平奖时引起一阵诧异。我们从中可以看出，要确定日本的稳健路线应归功于谁，可能和二十五年前东京国际军事法庭想要确定日本侵略责任归咎于谁一样困难。

显然，转变的"时势"明显有助于日本调整应对之道。战后世界被两个超级大国控制，日本幸运地只被其中之一而不是两个一起占领。鉴于共产主义在中国胜利以及印度的政治态势，拥有工业潜力的日本对美国自然愈益重要。在战略上，日本对于联合国在朝鲜的军事行动，以及美国继续维护它在亚洲的安全地位都是不可或缺的。反过来，日本通过自身的稳定与增长协助稳定了西太平洋地区，而且摆脱了最初被美国盟友控制的极不平等盟约，成为美国真正的合作伙伴。

美国对日本的帮助，远不止于明显可见的援助与保护。日本购买了美国的技术，推动国内新的工业革命，出现了惊人的经济增长。五六十年代的自由贸易与廉价原料供

空袭后的日本　1945 年

做乒乓球拍　战后，一位小男孩用镰刀自己
做乒乓球拍，1950 年左右

尼康的工人正在检查镜头　1952 年

玩呼啦圈的少女　1956 年，"已经不是战后"的观念最为盛行

应，使 30 年代很受重视的独裁和帝国的争论成为历史陈迹。西方列强在亚洲的没落，令日本轻而易举地取得曾是太平洋战争直接目标的东南亚资源。日本对消费品的渴求创造了巨大的国内市场，使必须靠出口来纾解国民贫困的战前理论不攻自破。美国对日本加入国际组织的支持，使其成功打入国际市场。在此期间，日美两国的双边往来贸易总值猛增至三百亿美元，达到有史以来越洋国家的最大交易额。即使把毗邻国家也包括在内，日美的贸易额也只是仅仅次于美加的贸易额。日本成为并持续作为美国农产品的最大出口市场，几乎吸纳了美国出口农产品总数的五分之一。今天，美国对日本输出粮食的耕种面积超过了日本本土耕种粮食的面积。除农产品外，日本也是工业产品与工业原料的主要出口市场。正如弗兰克·吉布尼（Frank Gibney）说，日本是世界上仅次于美国的第二大消费经济国家。很大程度上是因为这些缘故，美国与亚洲的贸易额在 1977 年首次超过了与欧洲的贸易额。

另一方面，日本出口美国的工业制品，在数量与质量上都稳步增长。虽然日本有其他出口市场，美国购买日货也逐渐减少，但显然美国市场对日本仍然十分重要。

在这整个时期里，美国认定保卫日本对自己的利益极其重要，从而使日本能进行庞大的储蓄。它开始于美国对战后日本宪法第九条[1]的坚持。虽然不清楚放弃战争作为政策工具的理想主义举措究竟是麦克阿瑟将军还是币原首相提出并负有最终责任，但今天无疑可以确定的是，麦克阿瑟将军强烈支持解除武装，即使美国政府在1948年要求他调整立场时也置之不理。朝鲜战争爆发后，麦克阿瑟也完全赞成吉田首相对加速重新武装日本的抵制。毋庸置疑，日本宪法第九条得到通过，反映了当时绝大多数日本人民的意见。各界人士也大声疾呼表示支持，因此，保守派领袖在20世纪50年代希望改变它的企图未能得逞。

换言之，"时势"的转变确实强烈而又具有决定性，但日本的反应也巧妙、坚定且非常合理。日本领寻人拒绝按美国提出的条件并迅速重整军备，以免受到美国战略的束缚并被亚洲邻国孤立。不过，正值日本能够以更接近自己的想法、更符合自己彰显国威所需的威严和力量考虑措施之际，选票的减少使他们的计划更难实行。

---

[1] 《日本国宪法》第九条共两项，内容分别是："1. 日本国民衷心谋求基于正义与秩序的国际和平，永远放弃以国权发动的战争、武力威胁或武力行使作为解决国际争端的手段；2. 为达到前项目的，不保持陆海空军及其他战争力量，不承认国家的交战权。——编注

日本国内的"时势"也在迅速转变，而且重新界定了何谓可行和明智的举动。新的教育和自由思想创造了一个等级意识淡薄的社会。既然国内的等级意识淡薄，把其他国家按威望高低排序也变得没有意义。到 20 世纪 70 年代，外国比以前更尊重，甚至钦佩日本，而极少有迹象显示日本是世界秩序中的劣等和二等国家。比诸其他国家，日本的社会运作、人民生活、产品能比肩任何国家，甚至更好。一位新近的学者指出，日本或许是"第一"，有许多地方值得美国学习。

其中一个结果是一种超越政治的现代性（modernity）意识。当年轻一代逐渐加入那些历经战争、破坏和重建等最艰苦日子的前辈的行列后，20 世纪 50 年代以贫乏和软弱为特色的评论也开始改变。这种改变甚至影响了那些想利用贫穷和绝望的状况去谋取权力的人的政治主张。在 1974 年夏天，我听到共产党领袖野坂参三的选举演说。他向听众保证，虽然保守派指出日本共产党会推行类似苏联和中国出现的政策，但日本共产党毫无此意，因为根本没有这种必要。俄国和中国都是不发达的落后国家，所以它们的政府需要采取强硬手段。但日本已经现代化了，日本社会已经超越了需要用强制手段的发展阶段。日本现在需要社会立法。据此，野坂往下开始谈关于托儿所、通货膨胀和环境保护等问题。

新日本的国际经验也比从前更多。在一些重要的方面，日本仍旧保持着狭隘的岛国特质——日本文化的独特性质连同日语的局限，使日本人受到绝无仅有的社会民族意识束缚。不过，这种意识却是在日本认识世界比以前更深的情况下产生作用。战争期间，数以百万计的日本人前往海外；与之相对，占领日本和朝鲜战争又使数以百万计以美国人为主的外国人来到日本。更重要的是日本年轻人的大规模留学潮。直到今日，富尔布莱特奖学金计划（Fulbright Scholarship）、私人计划和企业机构派遣了成千上万的学生和雇员前往海外。之后，在20世纪60年代，日本人开始到海外旅行。1969年，日本出国人数达71万，首次超过到访日本的外国人数。1974年，这一数字增至234万，1977年达3 151 431人，其中大部分是二三十岁的年轻男女。即使这些海外旅行人士很多是随团体参与个别活动，但他们经历的累积影响也十分显著。在战前，海外有若干个规模颇大的日本移民团体，但个别移居国外者属少数。时至今日，大量日本人史无前例地独居海外。他们在巴黎绘画，在重要的乐团演奏，在许多从来没人料到会有学习

浅沼稻次郎遇刺 1960 年 10 月 12 日，日本左翼政党领袖、社会党委员长长浅沼稻次郎在东京演说时，遭到一名十七岁的右翼极端分子刺杀。这名身着高中生制服的少年在收监一个月后自杀，遗言为："七生报国，天皇陛下万岁。"

东大安田讲堂事件　20世纪60年代后期，日本学生运动高涨。1969年，东京大学医学院学生反对学校修改实习医生制度，占领安田讲堂，校长令警察强行驱赶，反而引起更大程度的反抗，其余学校学生也加入进来

1964 年东京奥运会标语　战后，日本主要城市几乎都化为一片废墟，然而战败不到二十年，日本就顺利举办了东京奥运会

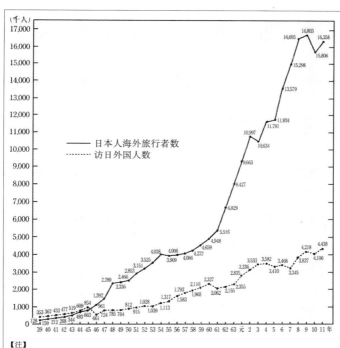

【注】

1. 根据日本运输省运输政策局观光部汇总表（根据日本法务省资料）制作。

2. "访日外国人数"是用日本法务省的《出入国管理统计年报》中入境外国人数减去在日居住外国人数，再加上在日中转的外国人数计算出来。

3. 年份前省略年号，其中63年前为昭和时期，昭和39年为1964年，平成元年为1989年。

日本出入境人数统计

日语需求的地方教授日语。甚至日本激进主义也变得国际化了，它不再限制自己仅攻击日本商人和政治家，更把远及巴勒斯坦的民族主义运动视为己任。

四、确定名实

在日本复苏与重建的几十年间，在明治时代接受初等教育的一代人负起了领导责任，而成年人也在20世纪三四十年代的挫折与苦难中得到磨炼。在政治上，日本人出现了深刻的分歧，形成保守派与社会主义派两大阵营，双方的发言人对世界问题抱持根本不同的看法，其根源出自早年形成的观点与信念。一种全新的折衷共识渐渐开始形成。到20世纪70年代中期，半数以上的日本人是战后出生，对战争带来的苦难体验甚浅且日渐淡忘，也根本没有认识到导致战争灾难的冒险主义。日本代际经历差异之大，在世界上也绝无仅有。日本人也倾向于不断探索其意义，而这在当代评论著作中比比皆是。

20世纪60年代，日本在国际上崭露头角，经济稳步发展和繁荣，但在70年代初受到剧烈震撼，导致国内纷纷思考日本和日本人在现代世界中的可能性。以反省日本独特性和重要性为主题的论著——日本论——大量出版。
比诸 19 世纪后期倾向武断和力图成为定论的日本主义，
这些著作具有怀疑和思索的意义，但也反映了某些相似的
心理需要和驱动力。

打破 20 世纪 60 年代世界安宁的危机在此毋须细说。
"尼克松冲击"通过让货币升值、设置纺织品限额和征收
进口税等"震荡疗法"打击日本，表达对日本漠视美国警
告的不满。美国突然转向与中国大陆关系正常化，不但使
日本措手不及，而且似乎暗示这个主要盟友的反复无常。
事前未与日本磋商，或许暗示着美国不信任日本，且有可
能一反过去在安全问题上的整个立场。由于这一事件发生
的时间与美国在东南亚的失败非常巧合，暗含美国更大规
模撤退的可能性，有些日本人便想起半个世纪前英国对英
日同盟热情冷却的旧事。

除此之外，1973 年的石油危机令所有工业国家，尤其
是日本，领会到自身的脆弱。日本痛切地体认到自己不但
缺石油，而且缺乏一切自然资源，甚至是粮食。日本所需
的大豆有 92% 依赖美国提供，其轻率、短期的大豆出口
禁令突显了特定行业以及整体的不景气。

此外，这次石油危机发生时，日本人此前对增长的共

识削弱。人们普遍认识到，急进的工业扩张计划是以环境恶化为代价的。于是，各种环境破坏的证据，以及反对建设新工厂、新道路、新机场、新铁路和新发电厂的民间自发团体突然增加，反映着日本人观念的转变。1977 年，日本国民生产总值位列世界第三位，是美国的三分之一，次于苏联，略超英法两国的总和，并超过东南亚总和的八倍以上。如不计算产油国家，并把比利时-荷兰-卢森堡经济联盟（Benelux）和斯堪的纳维亚地区[1] 算作一个国家，日本的人均收入大约位列世界第十位。但如果以土地面积计算单位国民生产总值，日本是美国的五倍。如基数再换成可耕地面积，则日本是美国的十二倍。日本比其他国家人口更密集，环境污染更严重，一氧化物排放更多。日本人民之所以能容忍下去主要是依靠标志日本社会特征的高度一体化、纪律以及自尊心。但目前情况已经到达某种极限。日本国民普遍反对发展核电厂以提供其他急需能源，则显示出另一种心理上的反感——单独的增长再不是理所当然的目标了。

随着油价不断上涨，日本的经济也陷入了所有工业

---

[1] 即瑞典、挪威、丹麦和冰岛。——译注

国家都曾遭受的世界性经济衰退之中。不过，由于政府不愿把本来已经很高的通货膨胀水平再度提升，它的反应更缓慢。国内存货增加、终身雇佣制、工业资金不足，使大量削减生产的应对措施难以进行。于是，日本出口量始终居高不下。美国政府放任日元对美元汇率上升，以期来自日本的进口商品愈加昂贵，降低其竞争力，然而这种办法收效缓慢。相反，因为进口商品更昂贵，美元对日元更加不平衡，而日本以美元储备购买原料，成本更低。在情况混乱的五年之间，在美国人看起来十分脆弱的日本经济获得创纪录的贸易盈余。在整个20世纪70年代，日本的出口量以惊人速度增长，其中四分之一销往美国，美国商品占日本总进口的比率则由1970年的30%下降至1977年的18%。美国评论界批评日本令美国贸易出现赤字，而且未能成功维护健全的自由贸易体制。日本也反唇相讥，批评美国未能限制能源进口。这些具体的贸易纠纷被掩盖在一系列协议下。这些协议缓和了1979年的危机，但并未解决贸易纠纷。随着日本经济增长、日美关系的复杂化，纠纷的规模似乎也在增加。十年前，纠纷围绕纺织品，之后是钢铁，也许很快就是计算机了。日本再不会唯命是从了。这个岛国一度是波音飞机和凯泽公司（Kaiser Shipyards）军舰攻击的目标，现在却替波音公司制造零件，又通过谈判收购了凯泽公司的钢铁厂。

以上列举的因素都非常复杂且重要，因此人们很容易花很长时间讨论。我提出这些主要是想说明，日本所回应的世界"时势"在迅猛地转变，而对它做出预测是很危险的。查阅近几十年有关日本的评论可以发人深省，即使有足够资料作为根据的论断，也常常要改变以适应任何人也未曾预料过的变化。在过去几十年的连续评论中，我们首先看到的是日本的经济困境完全无法解决；到了20世纪50年代，情况似乎有些好转，但前景仍然黯淡；至60年代，未来学家突然高呼未来属于日本，而且认为它的模式对其他国家具有意义。石油危机又突然使日本告别了经济增长和伟大成就。而在短短几年后的今天，日本的船只满载由高薪和勤奋的日本工人生产的货品，空前地涌进世界各个港口。在整个过程中，日本人脚踏实地、不动声色地把握住眼前的机会，避免了吹嘘和风头，并抗议着他们可选择的机会真的不多。

我们不可忽视这个抗议的逻辑。在新"时势"下，日本的国际地位使它特别依赖各国。除了美国在进口石油上居于首位以外，依赖进口的日本是世界上许多产品的最大

进口国。日本所需能源的 80% 依靠进口石油，所用煤的
60% 也依靠进口。进口石油几乎是日本生产的基础，而美
国进口石油则大部分用于家庭消费。1972 年，日本消耗
三亿千升石油，占世界总耗油量的十分之一。在石油危机
前，有人认为这一消耗量将会每五六年增加三倍。一些预
言家称，由多艘超级油轮组成、长达数海里的船只队伍，
将会把波斯湾与东京湾连接起来。也难怪 1973 年的第四
次中东战争及其后的石油危机会使日本产生那样强烈的
危机感。

如果再考虑到国际市场对日本产品的需求，那日本在
国际舞台上空前活跃、日本人出国及居留海外的人数空前
众多、区域自足或霸权的观念销声，便都不足为奇。这
类观点在 20 世纪 30 年代有点道理。那时亚洲大部分被殖
民国家统治，经济民族主义使扩张海外市场受限，而必要
的原材料供应也十分有限，从而促使诸如石原莞尔将军这
类谋略家考虑采取行动。但按现时的"时势"，区域自给
自足的政策根本毫无意义。

世界秩序的转变也同样巨大，且这种变化的最终状态
尚未成形。列强并立的局面让位于超级大国的霸权支配，
而现在又变成了近乎多极的世界。于是，即使是超级大国

中曽根康弘参拜靖国神社　1985 年，日本首相中曽根康弘（中）战后首次公开参拜靖国神社

也发现本身的选择极其有限,而以石油输出国组织(OPEC)为象征的生产国家发现它们也有达到目的的手段。强国也需要弱国。

也许最重要的,是再没有别的国家可以充当日本的楷模。对日本来说,美国的重要性及显赫地位无疑仍居于所有国家之首,但越南战争、水门事件以至最近的经济不景气等一连串弊病,美国力量和智慧的限度全部暴露出来。欧洲的旅游和文化仍是日本关注的重点,但其制度已不再如昔日一般能成为日本模仿的对象。

日本人对中国看法的变化也许最饶有趣味。我在前面谈过,某种程度上,日本人早年以中国为标准来衡量自己:首先按中国文化理想的标准而感到自卑,之后从日本现代化着眼而更加自信。第二次大战后的一段时期,毛泽东领导的中国再次成为日本人仰慕的对象,不过这次仰慕来自左翼分子。随着对新中国认识加深,愈来愈多日本人相信自己跟大陆邻国之间在文化和制度上的鸿沟不断加深。除了虔诚的中国迷之外,"文化大革命"让所有日本人幻灭。不过,抱持各种信念的日本人皆认为,日本被美国对中国大陆地区和中国台湾地区的政策箝制,又害怕被他们的强邻孤立。涉及《日美安全条约》的对华政策一直以来都是最容易分裂日本内政的问题之一。

　　尼克松和基辛格转向北京的举动，低调地宣告日本旧有的对华政策告终。这次轮到田中角荣首相了。他匆匆赶到北京，并且比尼克松做得更彻底，一举扭转了日本与中国大陆地区和中国台湾地区的关系。美国转向中国没有事前与日本磋商，引起日本人的愤慨，但我认为，日本政府很可能是美国此举的最直接受益者——中国突然不再是影响日本政治分歧的问题了。同样，在1978年，布热津斯基[1]赴北京继续商谈美中关系正常化之后，日本外相随即到中国谈判《日中和平友好条约》的细节并于同年缔结条约，完全终结了20世纪30年代以来两国敌对的状态。同年，中日签订长期通商协议，中国出口大量煤炭和石油以换取日本的工业制品。自此，大批日本旅客和商人涌到中国，日本也成为中国最大的贸易伙伴。很少人认为，日中贸易将有机会超过日本和工业国家的贸易。另一方面，中国在经济和政治上的重要性使日本非常慎重地加强与苏联（俄罗斯）的关系，尤其是直到现在，俄罗斯在对二战末期占

---

[1]　布热津斯基（1928—2017），美国著名国际关系学者，前美国国家安全顾问。——译注

领的北方四岛问题上仍然强硬。在过去一个世纪，日本人对俄罗斯既害怕又厌恶的态度，至今仍没有改变的迹象。

同样令人感兴趣却又难于处理的，是预测日本对东南亚和南亚的态度。日本短短几年中造就练达的敏感度，以适应这个地区的一种自尊，而这对其他国家来说恐怕要几年才能达到。1974年田中首相在东南亚受到的接待，反映出问题的重要性。其间他收到不少投诉，指责日本人自高自大、徇私、自私自利、爱搞分离主义等，但日本媒体却从另一个水平回应此次接待，实在十分有趣——它们几乎没有做出什么辩解，反而利用这个机会进行自责、反省，而且发誓要做得更好。关于文化外交、教育援助和开发援助的进展虽然缓慢却实在，为促进双方的关系带来了希望。福田首相在1977年的马尼拉会议上对东南亚各国采取的立场，表明日本开始要在这个地区负起新的重任。

且让我提出以下问题来结束这次演讲：在近期的国际环境下，日本做决定时可能会受到什么限制？日本任何一届政府在顾及1.16亿人口的生计和福祉的同时，还要关注什么问题？

无疑，首先要考虑的仍是日美关系的重要性。这一关系的经济重要性已在上文谈过。两国在日益扩大的世界贸

易中，为经济自由化的国家提供消费品，基本上具有共同
利益。日美关系既重大又涉及多方面，包含既要合作又会
出现摩擦的不相称条件，而两国在文化和言语上的鸿沟，
会继续削弱双方为解决问题所做出的努力。然而在日本内
部，由于社会的变化，对于减轻诸如古老分配制度和过时
选举制度所衍生的问题已经开始起作用；而以往这些制度
结合起来，使促进出口的措施受到阻碍。当然，同一时间，
在美国一些失业严重和经济萧条的地区，居民会对日本产
品成功进口产生抱怨。从长远来看，虽然不同的摩擦会继
续出现，但日美两国城市消费者的利益将会缓和其中一些
摩擦。在此期间，政界领袖与大众传播媒介负有重大的责
任，应引导人们着眼于日美关系已经取得的惊人成就上，
以求处理这些摩擦。

　　从安全角度来看，日美的利益也是一致的。长期以来，
日本害怕与美国的结盟会离间其与大陆邻国的关系，但这
个恐惧由于北京改变态度、欢迎日美联结以牵制苏联的扩
张而消失。于是，日本政治上的纠纷逐渐消除，代之而起
的是一个逐渐肯定美军基地和日本自卫队价值的共识。因
此，执政自民党在选举中的多数得票长期下跌，但这对日
本外交和防务政策的影响看起来并不如想象中那么大，因

为若保守派有需要的话，也不难找到志同道合的反对派来组成联合政府。

日美关系之中还有其他不会消失的重要因素。在战后的改革期间，日本建立了代议制政府及其他更庞大的制度模式，从这些模式中又开辟了两国共同经验的重要领域。由于这些制度能经受考验并普遍获得支持，因此已经成了日本政治生活中公认的事实。那些不时要求立即改变制度模式的评论家，也逐渐选择保持缄默。

鉴于新一代人日益增加的敏感度和民族自觉，日本在一定程度上与美国疏远，或许是维持双方关系的条件。美国方面通过"尼克松冲击"、大豆禁运以及在贸易谈判时以偶然责难的口吻承担了它的责任，以从容达致疏远的目的。日本方面则由政府和大众传媒牵头，呼吁国民顽强抵制美国对日本减慢出口和加速进口的要求，尽了该尽的责任。与中国恢复邦交，为日本带来新的重要机会，以运用政治策略和自主性。而日本在经济上能支配其他邻国这一点，更加强了以上两方面的能力。最近，国际石油市场的性质起了变化，也使日本在能源问题上可以有自己的立场。这一切仍不能取代日美在防御、贸易及制度结构上的密切关系，但新的发展结合起来却可以消除日本的孤立感和处于扈从地位的心理，而这种心理一度致使整个 20 世纪五六十年代的言论充斥着自我怀疑与沮丧。

因此我认为，让日本能真正创新和重新结盟的机会十分有限。在二十多年间，有些作家一直声称，日本的时代已临近尾声。占领期将结束，重建即将完成，对美国领导地位的反作用即将展开，民族情绪将再次绽放，保守派的统治也将告终。这些在很大程度上都暗示，现有力量的规律和政策的轻重缓急都是属于过渡性的、不合自然的，全面的变化将会出现。另一个暗含的假定是，日本在过去一百年孜孜不倦地竭力追求的卓越与认同，迄今尚未达到有声望与地位的水平，还要继续努力更上一层楼。日本的民族主义即将重新发扬。

对此我们可以用一些事例来具体说明。日本人对国家新的重要地位感到空前的满意。从那些民族主义意识浓厚的国会议员身上偶然可以看到，没有经受多少战争及战败痛苦折磨的一代人，对他们长辈慎重的态度显得厌倦。某种程度上，日本新闻界对偶尔出现的国家威望等相关问题的反应方式，可能只是提起往事。美军基地和核动力航母仍然是新闻界攻击的目标。也有人呼吁，要发展本国军事工业以减轻对外国的依赖。经济长期走下坡路使主张军火出口的人变得振振有词。甚至长久以来强烈反对日本重整军备的中国，也强调重新武装胜过继续依赖美国。朝鲜半岛再次动武，或发生任何对日本构成威胁的事件，都会使其真正地戒备起来；日本也会因保守分子要求而加强国家防务能力，但反对派却加倍努力地要求政府采取更为和平的中立路线，而造成政局的动荡。

这些都说明"时势"是会改变的。尽管世界经济步入急剧衰退、日本和各国政治领袖做出难以置信的短视政策均引起变化，但我不认为日本现代史上有任何重大转变的需要。近一百多年来，日本求名得名。但在此之前几百年，竟是由佩着腰刀的武士去维持和平，实在令人意想不到。日本历史上同时存在保守主义和军国主义的根源，而军国主义在这个时期于海外所得的回报实在不多。

有些日本人和日本研究者以国家缺乏角色为前提，纷纷论述日本寻求角色的行为。我的意见倒是，日本人认为他们一直就有一个角色。多年来，由于对其他角色的选择没有共识，他们看起来都接受了这一个。与此同时，它逐渐得到实践，赢得众望，结果名实俱至。日本之所以渴望有个角色，部分原因是要达到某种形式的独立自主及独特性，但重整军备和建立强大武装势力的政策毫无新鲜感可

安倍晋三与特朗普 2017 年 2 月

民众抗议新安保法 超过 12 万日本民众涌向东京永田町的国会议事堂,要求废除新安保法案。2015 年 9 月 14 日

言。日本独有的特色在于它作为一个主要大国，只维持小规模武装，放弃可以轻易并快速建立起的外向型实力，宁可在险恶环境下谋求出路，也不愿建设毫不实际又耗资巨大的防务。这种行为与我们所见的"时势"现实吻合。日本是唯一一个招惹不起任何敌人的大国，也是唯一一个不属任何类型军事或区域同盟的大国。日本是唯一一个完全无须依赖生产军备来供应本国和外国的工业大国，也是唯一一个完全不受任何邻国威胁的主要大国，而这些邻国对不久前取得的胜利都感到满意。日本的制度以民主与和平为前提，它的剩余产品还可以用来改善那些困扰发达和落后国家的环境和发展问题。

在第一讲和第二讲中，我都能以个别人士为讨论中心，他们晚年的回忆录记述了他们盛年时代的所见和所从事的事业是何等重要。杉田玄白目睹了西方知识通过出版物在日本传播，久米邦武首先周游了日本需要加入和追赶的世界。不久之后，我们还可以看到战后日本领导阶层中，那些由杰出人物撰写的、能够与杉田和久米的回忆录媲美的著述。他们是重建自己国家并使之沿着今天方向发展的卓越一代。

我已经谈过松本重治的情况，他的回忆录已经问世。

让我们想想他的所见所为。松本生于 1899 年，于东京大学毕业，然后继续在母校深造。直至 1923 年发生关东大地震，大学研究部毁于一旦，促使松本出国留学。之后几年，他到美国耶鲁大学做研究工作，然后再到纽约。他在那里领受了查尔斯·比尔德[1]的教导，深信日美关系问题的关键在中国。1927 年银行危机发生时，松本在英国牛津，并在那里被造船厂突然陷入困境的叔父召见。此时，松本决定以"国际新闻工作者"为其事业。他认为这种职业是一种尚处于雏形的国际公务。不久，松本再次加入东京大学从事经济学和美国研究。不过，由于经济大萧条，政府削减开支，东京大学取消了松本的美国研究教职。其后，松本借着参加"太平洋问题调查会"于京都和上海举行的会议之机来到中国，并出任联合通讯社[2]上海分社社长。在此，他得到实践比尔德告诫的机会，不断关注至为重要的对华政策。在上海的岁月里，松本代表日本先后致力谋求与蒋介石和汪精卫达成协议。回到日本后，松本成为近卫

---

[1]　查尔斯·比尔德（Charles Beard, 1874—1948）是美国 20 世纪最有影响力的历史学家之一，凭借从经济角度阐述美国制度的发展而享负盛名。他一生著作很多，并写了一系列评论美国在战争年代的对外政策。——译注

[2]　日后改名为"同盟通讯社"。——译注

首相的政治助理和顾问，最后参与筹划结束令人绝望的战事。美军占领日本期间，松本被逐出政府，之后投身法律界并编辑出版小型评论刊物《民报》。最后，他出任日本"国际文化会馆"的理事。该会馆自 1955 年创办以来，松本以巨大的努力，试着沟通拉近美国和日本的对华政策。但松本致力的目标要到 20 世纪 70 年代才能实现。

松本在东京是一位举足轻重的大人物，名字经常出现在重要人物的名单上。如果说久米体验到日本从贫弱中迈向繁荣，松本及其同时代的人则目击日本经历破坏后的迅速重建。当久米与松本在七八十岁高龄回顾他们时代的社会时，看到的是一个愈来愈强、愈来愈面向世界事务的日本。他们会说："我看着这一切发生，而事实上，我也参与其中。"

几乎就在久米写下对日本扮演建设性角色的期望时，他的期望就破灭了。战后日本温和的领导人把希望寄托在建立较巩固关系的基础上，即便他们的同胞把国际经验化为真正的国际意识时步伐缓慢。因此，乐观者需要谨慎留意，勿作轻易的预测。理性的确可以指明一条特定的路径，但人们或国家却并非总是合乎理性。所以，为了将来，我们要对那些正步入盛年的日本人更加重视。他们在国家发展和国际角色中的故事，还有他们的才智和错误，都会向我们揭示世界的动向。美国才刚刚开始适应强大且具有影响力的日本，而其适应的速度和成果，将会大大影响太平洋两岸人民的生活方式和他们对生命的看法。

参考文献[1]

对儒家秩序的挑战

我曾在两篇论文中讨论日中关系的一些方面，即收录于艾伯特·克雷格（Albert Craig）所编《日本：一种比较观点》（*Japan: A Comparative View, Princeton: Princeton University Press, 1979*）中的《关于文化借用》（On Cultural Borrowing），以及收录于费维恺（Albert Feuerwerker）、罗兹·墨菲（Rhoads Murphey）、芮玛丽（Marry C. Wright）所编的《通向现代中国历史》（*Approaches to Modern Chinese History*, Berkeley: University of California

---

[1] 参考文献部分由夏川翻译。——编注

Press, 1967）中的《明治时期日本人的中国观》（Japanese Views of China During the Meiji Period）。这是一个很大的题目，有非常多的工作需要做。平川佑弘在《谣曲之诗和西洋之诗》（朝日选书，1975）里面讨论日本对白居易的反应。唐纳德·基恩对 18 世纪 70 年代的评价，见他的《日本发现欧洲，1720—1830》（*The Japanese Discovery of Europe，1720—1830*，Stanford: Stanford University Press, 1969）。该书是对《日本发现欧洲：本多利明和其他发现 者，1720—1798》（*The Japanese Discovery of Europe：Honda Toshiaki and Other Discovers, 1720—1798*，London: Routledge and K. Paul, 1952）的修订和补充。我转引了第 22 页中杉田玄白对那场著名解剖的描述，以及 Eikoh Ma 翻译的杉田的完整回忆录，见《国际科学史档案》（*Archives internationales d'Histoire des Sciences*，Paris，June and December 1961）收录的《西方医学对日本的冲击：一位先驱的回忆录，杉田玄白，1733—1817》（The Impact of Western Medicine on Japan: Memories of a Pioneer, Sugita Gempaku, 1733—1817）。松本良三也提供了更新的翻译，见绪方富熊监修的《西方科学在日本的黎明：兰学事始》（*Dawn of Western Science in Japan: Rangaku Kotohajime*，

东京：北星堂书店，1969）。芳贺彻教授的研究见《杉田玄白、平贺源内、司马江汉》（东京：中央公社，1971），本书包括芳贺的杰出介绍，以及前文提到的杉田文章的内容。唐纳德·基恩对近松门左卫门著作《国性爷合战》的翻译见他的《近松主要作品集》（*Major Plays of Chikamatsu*, London: Taylor's Foreign Press, 1951）。本居宣长的著作在石川淳的《本居宣长》（东京：中央公论，1970），以及吉川幸次郎编集的《本居宣长》（东京：筑摩书房，1969）中有集中介绍。松本茂也以他为研究课题，见其著作《本居宣长，1730—1801》。我从罗纳德·莫尔斯（Ronald Morse）的未刊论文中引用了《玉胜间》的翻译，见《寻找日本国家特征和特殊性：柳田国男和民俗运动》（*The Search for Japan's National Character and Distinctiveness: Yanagita Kunio and the Folklore Movement,* Princeton University Press, 1974）。对志筑忠熊的讨论则参考了吉田忠的未刊论文《志筑忠熊的兰学：德川时代对西方科学的介绍》（*The Rangaku of Shizuki Tadao: The Introduction of Western Science in Tokugawa Japan*, Princeton University Press, 1974）。哈里·哈路图尼安教授对以中国为隐喻的警告，见《中国在德川思想中的功能》（The Function of China in Tokugawa Thought），该文刊载于入江昭编辑的《中国人与日本人：两者在政治和文化上的互动》（*The Chinese and the Japanese: Essays in Political and Cultural Interactions*, Princeton: Princeton University Press，1980）。凯特·中井（Kate Wildman Nakai）的《德川幕府时期儒教的国家化：中国中心主义的问题》（The Nationalization of Confucianism in Tokugawa Japan: The Problem of Sinocentrism）则是更早的讨论，见《哈佛亚洲研究学报》（*HAJS*）第 40 期第 1 号（1980 年 6 月）第 157—199 页。

求知识于宇内

对于 19 世纪日本受到西方影响的诸多方面，桑瑟姆（G. B. Sansom）在《西方世界和日本》（*The Western World and Japan*, New York: Alfred Knopf, 1950 and later printings）中进行了清晰而权威的讨论。这些文字写完之后，三好将夫对日本初次派遣的使节团出访西方做了杰出的研究，其《日美文化冲突》（*As We Saw Them: the First Japanese Embassy to the United States 1860*, Berkeley: University of California Press, 1979) 收集全部的旅行日记，

研究这群武士成员的心态。在日本，对此的主要介绍是尾佐竹猛的《前往夷狄之国》（东京：万里阁书房，1929）和芳贺彻的《大君的使节：幕末日本人的西洋探险》（东京：中央公论，1968）。副使村垣范正的日记《航海日记》被海伦·乌诺（Helen Uno）翻译为《航海日记：首次出访美国的日本使团的日记》（*Kokai Nikki: The Diary of the First Japanese Embassy to the United Stated of America*, Tokyo: Foreign Affairs Association of Japan, 1958）。福泽谕吉的事情可以在他晚年写的回忆录中看到，英文版见清冈瑛一翻译的《福泽谕吉自传》（*The Autobiography of Fukuzawa Yukichi*, 东京：北星堂书房；纽约：哥伦比亚大学出版社）。他也是卡曼·布莱克（Carman Blacker）的《启蒙日本：福泽谕吉著作研究》（*The Japanese Enlightenment: A Study of the Writings of Fukuzawa Yukichi*, Cambridge: Cambridge University Press, 1964）的研究主题。大卫·迪尔沃思（David Dilworth）与平野梅代将福泽的《劝学篇》译为英文，即 *An Encouragement of Learning*（东京：上智大学出版社）。

　　岩仓使团是马林·梅奥（Marlene J. Mayo）接下来研究的主题。他已经发表了许多研究成果，比如收录在伯纳德·西尔伯曼（Bernard Silberman）、哈里·哈路图尼安编辑的《现代日本领袖》（*Modern Japanese Leadership*, Tucson: University of Arizona Press, 1966）的《维新时期的理性》（Rationality in the Restoration），特别是收录于《日本学志》（*Monumenta Nipponica*）第 28 期第 1 号（东京：上智大学，1973）。尤金·苏维亚克（Eugene Soviak）也分析了久米的旅行，见收录于唐纳德·夏夫利（Donald H. Shively）编的《日本文化中的传统和现代化》（*Tradition and Modernization in Japanese Culture*, Princeton: Princeton University Press, 1971）。久米最著名的记录是五卷本的《特命全权大使美欧回览实记》（东京，1978；田中岩波书店 1977 年田中彰校注版）。田中教授还出版了《岩仓使团》（东京，1977），并且分析了使团在美国的停留，见刊登在《明治国家的展开和民众生活》（东京：弘文堂，1975）中的《岩仓使团的美国观》。加藤周一对使团的研究见《日本人的世界像》，收录于《近代日本思想史讲座》（东京：筑摩书房，1961）。中野礼次郎编辑的久米的回忆录《久米博士九十年回顾录》于 1934 年出版（东京，两卷本）。芳贺教授敏锐地意识到久米一生的讽刺意味，见《明治初期一位知识人的西洋体验》，收录于《比较文学与比较文化：岛田谨二教授花甲纪念论文集》（东京：弘文堂，1961 年）。我也讨论过明治时期日本对中国和西方的看法，见《转向现代的日本态度》（*Changing Japanese Attitudes toward Modernization*），收录于我编辑的同名论文集（Princeton: Princeton University Press，1965），以及更早引用的《明治时期日本人的中国观》。谭汝谦研究了内藤，见《寻找东方的过去：内藤湖南的生涯与思想，1866—1934》（*In Search of the Oriental Past: The Life and Thought of Naito Konan 1866—1934*, Princeton University, 1975）。詹姆斯·康特（James T. Conte）则研究日本海外留学生，见其博士论文《明治时代的海外学习：在美国的日本学生，1867—1902》（*Overseas Study in the Meiji Period: Japanese Students in America, 1867—1902*, Princeton University, 1977）。

在20世纪中寻求世界地位

我在《亚洲学刊》1988 年 8 月号上发表了《君主制与现代化》(Monarchy and Modernization)，讨论帝国制度的变貌。马克·皮蒂（Mark Peattie）的《石原莞尔和日本与西方的对抗》（*Ishiwara Kanji and Japan's Confrontation with the West*, Princeton University Press, 1975）以石原莞尔为研究对象。吉田首相的回忆录被他的儿子吉田健一翻译为英文，见《吉田回忆录》（*The Yoshida Memoirs*, Boston: Houghton Mifflin, 1962）。吉田也是最近一些研究的主题，见约翰·道尔（J. W. Dower）的《帝国余波：吉田茂和日本经验，1878—1954》（*Empire and After: Yoshida Shigeru and the Japanese Experience 1878—1954*, Cambridge: Harvard University Press, 1979）以及猪木正道的《评传吉田茂》（东京：读卖新闻社，三卷本，1978—1980）。决定发动战争的会议记录被池信孝（Nobutaka Ike，中文名为音译）翻译成英文，见《日本的战争决定：1941年的政策会议》（*Japan's Decision for War: Records of the 1941 Policy Conferences*, Stanford: Stanford University, 1967）。罗伯特·布托（Robert J. C. Butow）在《东条和正在到来的战争》（*Tojo and the Coming of the War*, Princeton: Princeton University Press, 1961）增加了更多细节，罗伯塔·沃斯泰特（Roberta Wohlstetter）特别关注了情报和误判的问题，见《珍珠港：警告和决定》（*Pearl Harbor: Warning and Decision*, Stanford: Stanford

University, 1962）。詹姆斯·克劳利（James Crowley）引用了海军上将永野修身对战争案例的总结，见詹姆斯·莫利（James Morley）编辑的《日本外国政策研究指南，1868—1941》（*Japan's Foreign Policy, 1868—1941: A Research Guide*, New York: Columbia University Press, 1957）第 98 页。多萝西·博格（Dorothy Borg）和冈本俊平编辑的《作为历史的珍珠港：日美关系 1931—1941》（*Pearl Harbor as History: Japanese-American Relations 1931—1941,* New York: Columbia University Press, 1973）提供了两国团体影响政策形成的相对研究。松本重治的回忆录最早在《历史和人物》上连载，最后结集为《上海时代》（东京：中央公社，三卷本，1974、1975。1977 年出版一卷本）。冈孝（Takashi Oka）发表在《哈佛中国研究集》（*Harvard Papers On China*）上的《西园寺和满洲事变》（Saionji and the Manchurian Crisis）第 58 页引用了西园寺的话。马丁·韦恩斯坦（Martin E. Weinstein）的《日本战后防御政策，1947—1968》（*Japan's Postwar Defense Policy, 1947—1968*, New York: Columbia University Press, 1971）、秦郁彦的《史录日本再军备》（东京：文艺春秋，1976），以及依然未得到出版的 1978 年

的论文《日本战后重整军备的源头》(Origins of Japan's Post-war Rearmament) 发展了日本战后状态反映深思熟虑的计划这一观点。后者是 1978 年 6 月在哈佛大学举办的关于东北亚安全机制的会议论文。日本可能代表"第一"，这是傅高义的著作《日本第一：对美国的启示》(*Japan as Number One: Lessons for America,* Cambridge: Harvard University Press, 1979) 的主题。关于战后日本的政治、经济发展的论文在数量和质量上持续增长，不过最令人信服的概述当属赖肖尔的《日本人》(*The Japanese*, Cambridge: Harvard University Press, 1977)。